Practice training

《実践力養成》

わかる！伝わる！
文章力

Textbook for Writing skill

佐藤佳弘

SatoYoshihiro

小論文
レポート
虎の巻

武蔵野大学出版会

はじめに

「どうしたら文章を書けますか?」

大学生が真顔で聞く。出来の悪い学生ではありません。ごく普通の学生です。学生は、年がら年中スマホでメッセージを入力しています。ところが、メッセージは会話文です。文章ともなると、とたんに書けなくなる。A4用紙1枚のレポートでさえ、すべて自分の文章で埋めようとすると四苦八苦してしまいます。そこでネットからのコピペが活躍するというわけです。

文章の作成が苦手なので、何ページも書かなくてはならない卒論ともなると、輪をかけて大変なことになります。私は武蔵野大学で20年間、履修学生のレポートやゼミ生の卒論を添削してきました。そして、学生が苦悩する姿を目《ま》の当たりにしてきました。

この状況を見てきた私は、文章の書き方を指導すべきだと思い立ち、自分の研究室のゼミ生のために「論文作成の手引き」を作成しました。タイトルには論文作成とありますが、文章を書く際の注意書きをまとめた手引書です。内容のレベルはといえば、中高生が入試対策で取り組む小論文くらいの難易度です。この「論文作成の手引き」は、いつの間にかゼミ生が卒論を書くときのバイブルになっていました。

私が添削してきたのは、学生が書いた文章だけではありません。社会人が書いた投稿論文も見てきました。「教員、研究者、会社員は社会人なのだから文章を書けるはずだ!」と思っていませんか? その予想は外れています。私は、日本社会情報学会の査読委員として、学会誌に投稿される論文を査読してきました。投稿論文の中には、せっかくの研究成果なのに文章の書き方が悪いために、学会誌に掲載されず、世に出なかった論文がいくつもあるのです。

その後、私は所属していた日本社会情報学会から依頼を受け、学会誌に文章表現のチュートリアル原稿を執筆しました（注）。その原稿のベースになったのは、ゼミ生たちのために作成したマニュアル「論文作成の手引き」です。

正しく伝わるように文章を書くことは、レポートでも論文でもビジネス文書でも、重要なことです。しかし、正しく伝わる文章を書くことは基本のキでありながら、実は簡単ではないようです。そこで、今回機会をいただき、正しく伝わる文章の書き方をまとめることにしました。本書が目指す文章は、魅力的な文章や人を感動させる文章ではありません。正しく伝わる文章です。

本書に記載したノウハウは、論文だけでなく、レポート、ビジネス文書、また入試での小論文にもきっと役立ちます。あなたが正当に評価されるためには、書いた内容もさることながら、書いた文章の見た目も重要なのです。大学生も中高生も社会人も、ぜひ本書を参考にして正しく伝わる文章を書いてもらいたいと思っています。

最後になりましたが、本書を企画し、編集してくださった武蔵野大学出版会の斎藤晃さんにお礼申し上げます。私は、打ち合わせの度に、「頑張ります！」と言いながら、何度も締め切りを延ばしてきました。オオカミ少年のごとく、迷惑をかけたことと思います。本書を刊行した後も、宣伝や営業でご苦労をおかけします。また、いつも最適なイラストを素早く描いてくださる、イラストレーターの初瀬優さんにも感謝します。私は、初瀬さんの画風になじんでしまったので、もはやイラストに合わせて原稿を執筆しているような錯覚に陥ります。そして、素敵な体裁に仕上げてくださるデザイナーの田中眞一さんにも感謝です。

本書は皆さんの作品でもあります。世に送り出すことができたことは私の喜びです。

２０１９年４月　佐藤佳弘

（注）「社会情報学のための論文文章表現」日本社会情報学会誌　第19巻2号、２００７年９月30日発行

目次

はじめに　3

第1章　文章作成力はあなたを変える

1-1　書く力は一生モノ　8
1-2　極意はシンプルセンテンス　10
1-3　書き方が9割　12
1-4　平易で簡素な表現　14
1-5　一読して理解できる　16
1-6　カタカナ用語　18
1-7　もれなく、ダブりなく　20
1-8　会話でのノンバーバル情報　22
1-9　文字だけで伝える　24
◉コラム1　想像力の欠如　26

第2章　間違いのない文を書く

2-1　変な日本語　28
2-2　思い込みの漢字　30
2-3　誤って用いられる語句　32
2-4　誤った表記　34
2-5　項目番号のレベル　36
2-6　文字フォント、サイズ　38
2-7　ネイティブのピンキリ　40
2-8　だけど、心なんて　42
2-9　漢字変換ミス　44

第3章　誤解のない文を書く

3-1　「または」は片方だけ　48
3-2　修飾と被修飾を近づけよ　50
3-3　「の」の七変化　52
3-4　体言止め　54
3-5　客観的な裏付けで正当化　56
3-6　「あれ、これ、それ」ってどれ？　58
3-7　「等」だと万物になる　60
3-8　100％を断言する表現　62
3-9　近年っていつ？　64
3-10　「こと」「もの」に頼らない　66
3-11　3つ以上は箇条書き　68

3-12 慣用句の誤用 70

第4章 わかりやすい文を書く

4-1 「この限りではない」とはどの限り？ 74
4-2 「することができる」は「できる」に 76
4-3 「てにをは・が」1回ルール 78
4-4 一つの文に一つのテーマ 80
4-5 漢字の連結は5字まで 82
4-6 役所言葉にさようなら 84
4-7 あえて繰り返ししっかり伝える 86
4-8 「及び」「並びに」は「と」「や」に 88
4-9 「又は」、「若しくは」を避ける 90
4-10 長文では伝わらない 92
4-11 二重否定は悪文のしるし 94
4-12 「少なくない」ではわからない 96
4-13 程度を表す表現に注意せよ 98
4-14 読点の位置で緩急をつけろ 100
4-15 図表・グラフに頼らない 102
4-16 前のページで何を述べた？ 104
4-17 前者、後者ってなんのこと？ 106
◉コラム2 30年後の英語 108

第5章 品質の高い文を書く

5-1 「私」の存在を消す 110
5-2 「を行う」を一掃せよ 112
5-3 「〜に対して」を見なおしてみる 114
5-4 「〜をもって」は必要ですか？ 116
5-5 又聞きの表現に要注意 118
5-6 「が」でつなげずに分けてみる 120
5-7 「より」と「から」の使い分け 122
5-8 「〜において」を避けてフランクに 124
5-9 「〜について」をシンプルに 126
5-10 主観的な表現 感覚的な表現 128
5-11 話し言葉をよく知っておく 130
5-12 目的語をしっかりチェック 132
5-13 過去の出来事も現在形が原則 134
5-14 作業叙述を避け結果を書く 136
5-15 結果を言い切る 138
5-16 疑問形を一掃してステップアップ 140
5-17 能動態&肯定形 142
5-18 タイトルにセオリーあり 144
5-19 構成は起承転結で 146

あとがき 148

第❶章

文章作成力はあなたを変える

あなたは日本語で文章を書けますか？

「日本生まれの日本育ちだから、日本語の文章くらい書けるさ！」と思っていませんか？

それとも、「文章を書くことが苦手だから、小論文どうしよう……」と思っているでしょうか？

文章が書けるか書けないかは、あなたの評価を大きく変えます。正しく伝える文章を書けるに越したことはありません。しかし、残念な文章を書いていたら、あなたがどんなに能力のある人でも、不合格になったり、減点されたり、正しく評価されなかったりします。

文章作成力をアップして、自分に対する評価を変えましょう。

書く力は一生モノ

本書には、論文やレポート、説明資料、企画書、さまざまなビジネス文書などを作成するときに役立つ文章作成のノウハウを掲載しています。よい論文やよいレポートを書くためには、テーマの選び方や調査方法、タイトルの付け方、内容の構成方法、論理の展開、図表のデザイン、引用のルールなど、気を付ける点はいくつもあります。本書は、それらの中でも文章の書き方に焦点を当てた手引書です。

本書に掲載されているノウハウは、どんな場面にも応用できて、あなたの一生モノの知的財産になります。学校での論文やレポートだけでなく、会社での資料作りにも役立ちます。中高生には入試での小論文の勉強に最適です。

役に立つという点では、書く力は水泳に似ているかもしれません。泳げるようになったら、水泳は一生モノの技術ですよね？　いざという時にあなたを助けます。同じように、書く力も一度身に付けたら、これからあなたを一生助けてくれるのです。

文章作成に必要な知識をわかりやすく分類すると、４段階のレベルに分けることができます。それは、「間違いのない文」にするための知識、「誤解のない文」にするための知識、「わかりやすい文」にするための知識、「品質の高い文」にするための知識です。

本書では、基本的な知識の順に章を並べています。第１章から順に読み進めると、徐々に文書作成力がアップします。読んでいて「こんなことわかってるさ」と思う項目があるかもしれません。そんなときは読み飛ばしてもかまいません。しかし、注意してください。「わかっている」と「できる」とは違います。「知識がある＝実践できる」ではないのです。

本人ができていると思っていても、実際には「できていない」ことがよくあります。ほかの人から指摘されて、初めて「できていない」ことに気が付くのです。あなたの「わかっている」というのも、「つもり」なのかもしれませんよ。

point

身に付けた文章力は一生あなたを助ける。

極意はシンプルセンテンス

結論を最初に言っちゃいます。正確に正しく伝えるには、シンプルに書くことです。何やかやとひねくり回した文は、わかりにくくて伝わりません。

本書では何度も繰り返して述べているフレーズがあります。それは「文学作品ではない」です。小説や随想ならば、回りくどい表現やまどろっこしい言い回し、ひねくり回した文章を、好きなだけ使ってもいいでしょう。しかし、レポート、論文、説明資料、ビジネス文書などは、文学作品ではありません。相手を感動させる必要もありません。正確に正しく伝えることが使命なのです。正確に正しく伝えるにはどうしたらよいのか？ その極意は、シンプルセンテンスにすることです。

問題は、どうすればシンプルセンテンスになるのかですね。その方法がわかっていれば苦労しないし、実践できればもっと苦労しない。本書が水先案内人としてガイドしましょう。

国会中継を見たことがありますか？　質問を受けた首相や大臣は、ダラダラと回りくどく答弁することがあります。イエスやノーで簡潔に答えない。よほど答えたくないことを質問されたのでしょう。

国会中継を見ていると、シンプルにいうことがいかに重要であるかよくわかります。視聴者は「だから結局、何なんだ⁉」とリモコンをテレビに投げつけたくなります。

伝わらないというのは、こういうことです。ダラダラ答弁では国民の心に響きません。シンプルに言わなければ伝わりません。

「理解されなくてもいいと思って答弁しているのではないか？」と勘繰りたくなるほどです。

正確に正しく伝えるにはシンプルに書くことです。

point

伝えたかったらシンプルに書く。

書き方が9割

『伝え方が9割』（佐々木圭一、ダイヤモンド社）という本がベストセラーになりました。このタイトルを借りれば、文章は「書き方が9割」です。同じ内容であっても、書き方で伝わり方は大きく違ってきます。つまり、書き方によって伝わることがあれば、まったく伝わらないこともあり、逆に誤解されることもあるのです。

もしも、伝えたいことが伝わらなかったとしたら、人生の上でも大きな損失ですよね。いや、ただ伝わらないだけでなく、誤解をされてしまったとしたら、トラブルにもなりかねません。こうなると損するだけでは済まされなくなります。

学会への投稿論文を審査していると、残念に思うことがよくあります。意義ある研究なのに、文章の書き方が悪い。だから、伝わらない。もったいないことです。正しく書いていれば、正当に評価されたはずの論文がたくさんあるのです。本当は、学会誌に掲載されて世に出たはずの研究成果なのに、文章の書き方が悪くて日の目を見ない。これは、本当にもったいない話です。

入試の小論文も同じです。発想や着眼点がよくても、文章が悪ければ伝わりません。正当に評価してもらえなくなります。学生ががんばって書いたレポートも、文章が悪ければ評価も悪くなります。内容はもちろん重要です。そして、その内容が伝わるように文章を書くことも、同じくらい大切なのです。

学生の卒業論文もレポートも、中高生の入試での小論文も、学会への投稿論文やビジネス上の資料も、内容が伝わるように書かなければ、ゴミくずと同じになってしまいます。

point

文章が悪ければ、評価も悪くなる。

第1章　文章作成力はあなたを変える❹

平易で簡素な表現

どうすればシンプルセンテンスになるのか。シンプルに書くということは、どういうことなのか。シンプルに書くことが大事だとわかっていても、いざ実践しようとすると難しいですね。シンプルセンテンスとは、平易で簡潔な文なのです。

できるつもりになっている人は、本書を読みながら「そんなことわかっているさ」とつぶやくかもしれません。「この本には当たり前のことしか書かれていないじゃないか！」ですって？　その通り。その当たり前のことが実践できるかどうかが問題なのです。「当たり前だ」と言っている人が書いた文章を添削させてもらうと、指摘で赤だらけになります。実践できていないということは、わかっていたのではなく、実はわかったつもりだったのですね。

小学校の学習指導要領（平成29年3月告示）には、国語の目標が次のように記載されています。

「日常生活に必要な国語について，その特質を理解し適切に使うことができるようにする」

「日常生活に必要な国語の知識や技能を身に付けるとともに、我《わ》が国の言語文化に親しんだり理解したりすることができるようにする」

わかりましたか？

もっと平易で簡潔な表現で書かなければ、学校の先生に伝わらないのではないでしょうか？

「日常生活に必要な国語の特質を理解できる。国語の特質を適切に使える」

「日常生活に必要な国語の知識や技能を身に付ける。我が国の言語文化に親しめる。我が国の言語文化を理解できる」

シンプルセンテンスにすれば、わかりやすくなります。

point

シンプルセンテンスとは、平易で簡潔な文。

一読して理解できる

難しく書く必要はありません。カッコよくする必要もありません。わかりやすくなければ、伝わらないのです。シンプルセンテンスになっているかどうかの最も簡単な見分け方は、一読して理解できるか否かです。

引っかかりなく、読み直すこともなく、淀《よど》みなく読めたらOKです。私は学生の論文やレポートを読んでいて、何をいっているのかよくわからず、読み返すことがあります。そんなときの文章は、たいてい悪文になっています。つまり読み手に読み直しをさせてしまうのは、悪文の証拠なのです。

法律や契約書の文章は、堅苦しくてわかりにくいですよね？　一読しただけでは理解できません。「法律や契約書は、一言一句を理解してもらう必要があるので、わざとわかりにくく書いてじっくり読ませているのだ」と好意的に受け止めてあげましょう。

文章は、一読して理解できることが理想です。そのためには、文は短く、平易な表現で書くことです。もし、読み返しが必要になったら、その文章は悪文だと思って間違いありません。文学作品ではないのですから、じっくり味わってもらう必要はないのです。

一読しただけでは理解できないような文があります。さらに何度読んでも永遠に理解できない文もあります。次ページから悪文になる原因を解説しますので、参考にしてください。さしずめ逆説的な悪文の作り方といったところです。これらを実践すれば、あなたも間違いなく立派な悪文を書くことができます。

point

読み返しが必要な文は、悪文の証拠。

第1章
文章作成力はあなたを変える❻

カタカナ用語

カタカナ用語を使った文章はカッコよく見えますよね？

「コンセンサスを得る」「リスクヘッジをとる」「スキームを明らかにする」……。ほら、カッコよく見えるでしょ？　でも、これらの用語が何を意味しているのかを知らない人にとっては、何のことなのかわからない。正しく伝わらない文を作ってしまう原因の一つが、カタカナ用語です。

　カタカナ用語には要注意です。日本語で言い換えられる場合には、日本語で表記しましょう。意味がわかっているようでわかっていない用語を使うと、結局わからない文になってしまいます。

　スマホやインターネットなどのカタカナ用語は、すでに社会に定着していれば使っても大丈夫です。逆に、一般的になっていないカタカナ用語が文に含まれていると、読み手が理解できなくなってしまいます。

一般的なカタカナ用語なのかどうなのかの判定には、新聞を利用しましょう。新聞は多種多様な読者を対象にしています。そんな新聞で使われていたならば、一般的な用語だと見なしてよいでしょう。

もしも、どうしてもカタカナで表記せざるを得ない場合には、カッコ書きで日本語訳を併記するといいでしょう。また、注釈で補足説明をするという方法も親切です。

◉ 伝わりにくい カタカナ用語の例

コンセンサス
…合意
リスクヘッジ
…危険回避
スキーム
…枠組み、計画
アカウンタビリティ
…説明責任
コンプライアンス
…法令遵守
ペンディング
…保留
コミットメント
…関与
コンソーシアム
…共同事業体
インバウンド
…外国人旅行者
パブリックコメント
…意見公募
アセスメント
…環境評価
インキュベーション
…起業支援
オーソライズ
…公認する

point
カタカナ用語よりも日本語を優先する。

第1章 文章作成力はあなたを変える❼

もれなく、ダブりなく

馬から落ちて落馬したら、
頭が頭痛で痛い…
ダブってる…？

わかりやすい文章はよく整理されています。そして、過不足がありません。

そのような「もれなく、ダブりなく」の良い状態を横文字ではMECE（Mutually Exclusive and Collectively Exhaustive：ミーシー）といいます。

整理されていて、過不足がない文は、読み直す必要がありません。文がまるで流れる水のように感じられ、淀みがありません。

一つの文の中に同じ語句が何度も登場している場合は、整理が不足しています。

書いている内容が複数の文章でダブっている場合は、文章がムダに過剰になっています。同じような事をいっているのなら、どちらかの文章を削除するか、または2つをまとめるとよいでしょう。逆に、話が飛んでいたりすると、文脈がつながりません。読み手には「なぜ？」という疑問が湧きます。文章が不足しているからです。文脈がつながるように文章を補ってください。

主語が何だかわからなかったり、目的語が曖昧だったりする文章も情報が不足しています。この場合には主語や目的語を補う必要があります。「主語や目的語を書くのは当たり前だ！」と思いますか？これが「つもり」になっている人の落とし穴です。学生のレポートでは、意外に主語や目的語が欠けているのです。

やっかいなことに、書いた本人にはその過不足に気が付きにくいのです。自分が書いた文なので、頭の中で自然に主語や目的語を補っているために、理解ができてしまうのです。

自分にはわかっているのだけれども、相手には伝わらない。こんなときは、第三者のチェックが役に立ちます。ほかの人に読んでもらうと、わかりにくい部分が見つかります。

また、時間をおいて新たな気持ちで読み直すことも効果的です。

point

足りなくては伝わらない。
ダブっていてはわかりにくい。

会話でのノンバーバル情報

お互いを見ながら行う対面での会話では、言葉以外の情報が活躍しています。表情や声の調子、声の強さ、目線、ジェスチャーなどです。

会話で使われている言葉以外の情報のことを、「ノンバーバル情報（非言語情報）」といいます。会話の場面では、ノンバーバル情報が相手に気持ちを伝えることに役立っています。

ノンバーバル情報がどれほど会話を助けているのかは、映画やテレビドラマ、舞台での演技を考えてみればわかります。俳優や女優さんが台本を棒読みしたらどうなるでしょうか？　まったくつまらない学芸会のようになってしまいます。

演技という形でノンバーバル情報を使っているからこそ、私たちに気持ちや感情が伝わるのです。

ノンバーバル情報は会話での誤解を防ぐことに役立っています。

例えば、友人を食事に誘ったとします。「いいよ」と返事があったとしたら、あなたはどう理解しますか？ 「一緒に食事に行ける」と思うかもしれませんが、ちょっと待ってください！ 「喜んで」という肯定の気持ちの「いいよ」なのか、「結構です」という否定の気持ちの「いいよ」なのか、文字だけではわかりません。もしも、否定の気持ちだったとしたら、一緒に食事に行けないのです。文字の「いいよ」には2通りの解釈ができるので、先入観や思い込みで誤解が生じます。

このように文字だけの情報では、気持ちが間違って伝わることがあるのです。

point

文字以外の情報が会話を助けている。

文字だけで伝える

対面では表情や声の調子、目線などのノンバーバル情報が会話を補っています。そのため相手がどっちにもとれる表現だった場合でも意味が伝わります。「いいよ」の意味が、「喜んで」なのか、「結構です」なのか、対面ならば伝わるのです。

ところが、伝えるときにノンバーバル情報がある場面ばかりとは限りません。文字だけで伝えなければならない場面もあります。まさか論文やレポートでは、顔文字やＬＩＮＥスタンプを使う人はいないでしょ？

文字だけで伝えるからこそ、文章の書き方が重要になるのです。誤解されることのない、正しく正確に伝える文章を書かなくてはなりません。

ノンバーバル情報がない場面では、誤解される余地のない文章を書きたいものです。あいまいな表現やどっちにでもとれる表現は禁物です。「わかってくれるだろう」なんていう善意の解釈に頼ってはいけません。

ＬＩＮＥやＳＮＳなどでは短い文章で発信しますよね？　長い説明を省くので、誤解されない表現が必要です。だから「なんで来たの？」の一言が、交通手段を尋ねたつもりなのに、理由を聞かれたと誤解されてトラブルになるのです。

ＳＮＳ花盛りのネット社会だからこそ、間違いなく文字だけで伝える文章力が求められています。インターネットを使ったコミュニケーションでは、国語の能力がとても重要なのです。

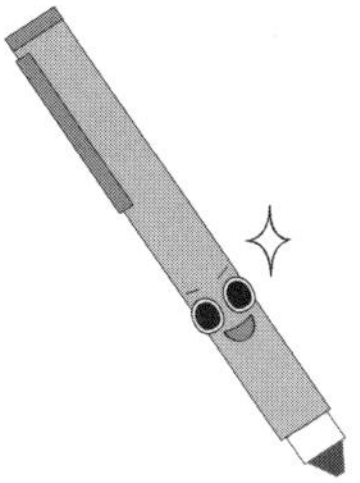

point

文章では文字がすべて。

COLUMN

コラム❶

想像力の欠如

長文やまどろっこしい言い回し、何度読んでも理解できない文章……そんな悪文を目にするたびに思うのです。

「この人は読む側を想像していない」

正しく正確に伝える文章の極意はシンプルセンテンスです。そして、文章をシンプルセンテンスにするには、「読んだ人はわかるだろうか」と考える想像力が必要です。自分のために書くメモとは違って、論文もレポートもビジネス文書も、自分以外の人が読みます。何よりも読む人が理解できなければ意味がありません。だから、正しく伝えようとするならば、「読む側になって考える」という想像力が重要なのです。自己中心的な悪文を書く人には、この想像力が決定的に欠如しています。

読む側を常に意識して書いていると、文章以外のさまざまな場面で伝える力が向上します。例えば、人を集めて行う説明会や、結婚披露宴での祝辞、イベントでの挨拶、顧客を前にしたプレゼンテーションなどです。「もしも自分が聴く側だったらどうなのか」と自問しながら準備するのです。

そうすると、改善すべき点が見つかります。

「相手の立場になる」という言葉は、社会生活の中でよく使われます。相手の立場になって考えるという想像力があれば、世の中にあるトラブルの多くは避けることができたのかもしれません。

想像力を働かせることがいかに重要か、そして想像力を働かせることがいかに難しいか、現実社会が示しているように思えます。

第❷章

間違いのない文を書く

「ダメだこりゃ！」と言われないために

日本語の間違いが含まれていると、論文やレポートの価値は一気に下がります。そして、「この文章はダメだ」と見なされると、内容に対する評価にも大きな影響を与えます。なぜかというと、「こんなヒドイ文章を書く人間が、よい論文やレポートを書けるはずがない」という先入観を与えてしまうからです。

内容もさることながら、見た目も重要です。内容が良いのならば、良い文章でアピールしましょう。この章を参考にして「ダメだこりゃ！」と言われない文章にしましょう。

変な日本語

変な迷惑メールが出回っています。

「おやすみしたいですか？　ちょうど試して！」

「あなたの中のかなりの女性があなたを待っています。ちょうどクリック」

変な日本語で書かれたメールは、詐欺の疑いがあります。外国から発信されたのでしょう。伝えようとしている内容がどうであれ、日本語がおかしなメールは、そもそも信用してもらえません。

「人は見た目が9割」とはよく言ったものです。

初対面の人から受ける第一印象は、その人の中身よりも、まず見た目、つまり外見が大きく影響します。

文章の場合も同じです。内容よりも先に文章の形が印象を与えてしまうのです。変な日本語で書かれた迷惑メールが、その例です。

内容に問題がなくても、日本語の誤りは、それだけで文章の価値を下げてしまうのです。また、誰が見ても間違いだとわかるような誤りが含まれていると、「ろくに見直しもせずに提出したな」と悪い印象を持たれてしまいます。

パソコンを使って文章をコピーしたり、削除したり、書き加えたりしていると、変な文章になっていることがあります。漢字変換ミスが発生していることもあります。

変な日本語を防ぐために、読み直しは「基本のキ」です。チェックは大切です。どんなに急いでいても、読み直しを忘れないでください。

母国語が日本語ではない人は、ネイティブチェックが必須です。ネイティブチェックとは、母国語の人によるチェックです。ネイティブが見ていれば、「おやすみしたいですか?」のような変なメールは発信されなかったでしょう。

point

読み直しは基本のキ。変な日本語を残すな。

思い込みの漢字

誤字が生まれる原因には、変換ミスのほかに、本人の記憶違いによる誤字も多くあります。どういうわけか勘違いしたまま漢字を覚えてしまっているのです。パソコンでの変換ミスではなく、そもそも本人が漢字を間違って覚えている、「思い込みによる誤字」にも要注意です。

学生が書いた答案用紙には思い込みの漢字がよく登場します。「以外な結果」「動入する」「強用する」「多用な意見」「不可決な要素」「感違いする」「利解しました」「感心がある」「いろんな文野」などなど書き上げたらキリがありません。

書いている本人は正しいと思っているので、本人が読み直しチェックをしても発見は難しい。第三者が指摘して初めて間違いに気が付きます。

思い込みによる誤字をなくすには、ネット、テレビ、新聞、雑誌に登場する漢字を意識しながら見ることです。そして、疑問に思ったら、すぐに確かめることです。

◉ 間違いやすい漢字の例

間違いの漢字	正しい漢字
×以外な	○意外な
×動入	○導入
×強用	○強要
×多用な	○多様な
×不可決	○不可欠
×感違い	○ 勘違い
×利解	○理解
×感心がある	○関心がある
×文野	○分野
× 異和感	○ 違和感
× 今だに	○ 未だに
× 時期早尚	○ 時期尚早
× 興味深々	○ 興味津々
× 泥試合	○ 泥仕合
× 前後策	○ 善後策
× 責極的	○ 積極的

出典：「国語に関する世論調査」の結果の概要、文化庁などから作成

point

「あれっ？」と感じたらすぐに調べる。

誤って用いられる語句

上から目線で、「最初のさわりだけ教えてあげよう」なんて、知ったかぶりでいった「さわり」の使い方は、残念ながら間違いです。「さわり」は、「ちょっとだけ」とか、「最初の部分」などを意味しているのではなく、「要点」のことなのです。

日本で育ったから日本語は大丈夫、なんて安心してはいけません。多くの人が「さわり」の意味を取り違えて使っています。おそらく、落語での「まくら」と混同しているのでしょう。落語で本題に入る前に話される小噺が「まくら」です。落語では「前フリ」として最初に話されます。

「さわり」のほかにもよく間違って使われる語句があります。自分の知識をチェックしてみましょう。

point

「さわり」はちょっとではなく要点のこと。

●さわり
本来の意味　○話などの要点のこと
誤った用法　×話などの最初の部分のこと
●なし崩し
本来の意味　○少しずつ返していくこと
誤った用法　×なかったことにすること
●割愛する
本来の意味　○惜しいと思うものを手放す
誤った用法　×不必要なものを切り捨てる
●姑息
本来の意味　○「一時しのぎ」という意味
誤った用法　×「ひきょうな」という意味
●世間ずれ
本来の意味　○世間を渡ってずるくなっている
誤った用法　×世の中の考えから外れている
●おもむろに
本来の意味　○ゆっくりと
誤った用法　×不意に
●にやける
本来の意味　○なよなよとしている
誤った用法　×薄笑いを浮かべている
●雨模様
本来の意味　○雨が降りそうな様子
誤った用法　×小雨が降ったりやんだりしている様子
●潮時
本来の意味　○ちょうどいい時期
誤った用法　×ものごとの終わり
●役不足
本来の意味　○本人の力量に対して役目が軽すぎること
誤った用法　×本人の力量に対して役目が重すぎること
●失笑する
本来の意味　○こらえ切れず吹き出して笑う
誤った用法　×笑いも出ないくらいあきれる
●やおら
本来の意味　○ゆっくりと
誤った用法　×急に，いきなり
●すべからく
本来の意味　○「当然，是非とも」という意味
誤った用法　×「全て，皆」という意味
●まんじりともせず
本来の意味　○眠らないで
誤った用法　×じっと動かないで
●噴飯もの
本来の意味　○おかしくてたまらないこと
誤った用法　×腹立たしくて仕方ないこと

出典：「国語に関する世論調査」の結果の概要、文化庁から作成

誤った表記

「間が持たない」という状況は、初対面の人と会話する時にありそうな場面ですね。実は「持たない」は誤りで、正しくは間が「持てない」なのです。このような表記の誤りは「以外と覆い」、いや「意外と多い」です。おそらく、間が持たないという表現は、「場が持たない」と混同しているのでしょう。

語句の間違いがあると文章の価値が半減します。論文やレポートの場合は、書いている内容がどんなによくても、基本的な誤りは減点の対象になったり、印象を悪くしてしまいます。もったいないミスになりますから、語句は正しく使いましょう。

point

「間が持たない」正しくは「間が持てない」。

◉ 誤りやすい語句の例

× 間が持たない	→	○ 間が持てない
× 的を得る	→	○ 的を射る
× のべつくまなし	→	○ のべつまくなし
× 押しも押されぬ	→	○ 押しも押されもせぬ
× 遅れを取る	→	○ 後れを取る
× 采配を振るう	→	○ 采配を振る
× 雪辱を晴らす	→	○ 雪辱を果たす
× 寸暇を惜しまず	→	○ 寸暇を惜しんで
× 取り付く暇がない	→	○ 取り付く島がない
× 肝に命じる	→	○ 肝に銘じる
× 口先三寸	→	○ 舌先三寸
× 怒り心頭に達する	→	○ 怒り心頭に発する
× 一同に会する	→	○ 一堂に会する
× 溜飲《りゅういん》を晴らす	→	○ 溜飲《りゅういん》を下げる
× 物議を呼ぶ	→	○ 物議を醸す
× 一つ返事	→	○ 二つ返事
× 天下の宝刀	→	○ 伝家の宝刀
× 声をあらげる	→	○ 声をあららげる
× 足もとをすくう	→	○ 足をすくう
× 上には上がいる	→	○ 上には上がある
× 愛想を振りまく	→	○ 愛嬌を振りまく

出典:「国語に関する世論調査」の結果の概要、文化庁
「言い間違いされる言葉ランキング」小学館「大辞泉」編集部、から作成

項目番号のレベル

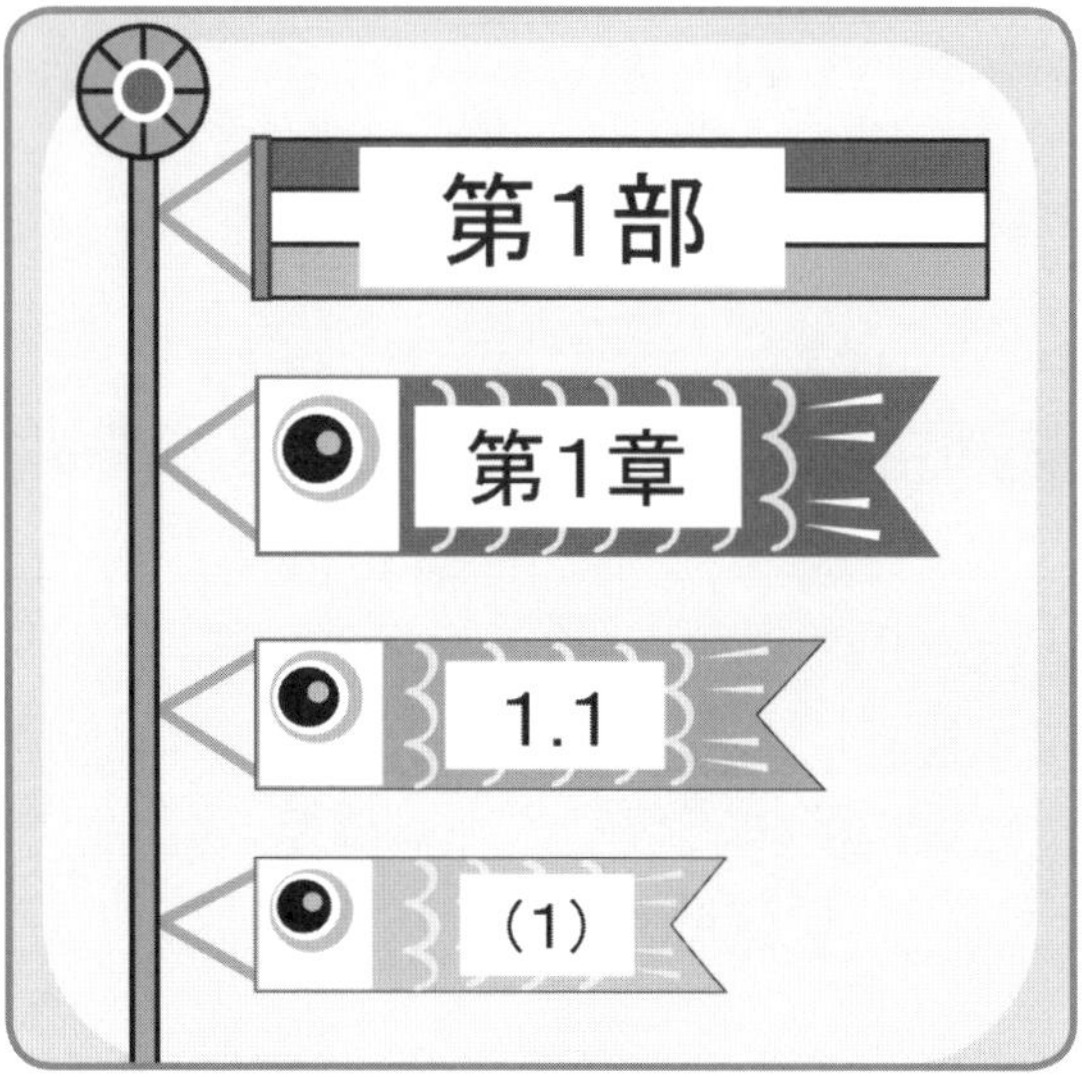

文章の分量が多いときには、章や節が重要な役割を果たします。章番号や節番号が適切に付けられていると、全体を把握することに役立つのです。

住所の丁目、番地、号のように、全体の中のどこなのかがわかります。

章番号や節番号の付け方には慣例があります。その慣例に従って適切に番号を付けてください。この慣例に従って番号が振られていれば、読んだときに分類の大きさが大分類なのか、中分類なのか、小分類なのかがわかり、全体を把握しやすくなるのです。

番号の振り方には、多少のバリエーションがあります。第Ⅰ部を使わずに、第1章から始めることもあります。また、1.1は1-1と表記することもあります。a.、b.ではなく、イ、ロを使うこともあります。このように多少のバリエーションはあっても、部∨章∨項目という大きさのレベルは変わりません。

このレベルの大小関係を無視した項目番号が使われると、読んでいる側は混乱して全体の把握ができなくなります。例えば、（1）の中が分類された場合は、a.、b.やイ、ロで整理しましょう。（1）の中が1.1で分類されていると、大小関係がぐちゃぐちゃになり把握できなくなってしまいます。

◉ 番号の振り方の慣例

第Ⅰ部、第Ⅱ部
第1章、第2章
1.1、1.2
（または、1-1、1-2）
1.1.1、1.1.2
（または、1-1-1、1-1-2）
（1）（2）
a.、b.
（または、イ、ロ）
・、・（中点）

point

章、節、項目の表記には、慣例がある。

文字フォント、サイズ

文字の書体のことを「文字フォント」といいます。小学校の教科書には教科書体、中学校の教科書には明朝体が使われています。Microsoft 社の Word では、MS明朝が標準になっています。

通常、論文やレポートではMS明朝、強調部分にはMSゴシックを使います。

使用する文字フォント、文字サイズは、もちろん統一していなければなりません。でも、パソコン画面の上では文字フォントの判別がしにくいのです。

明朝体の文字とゴシック体の文字は、画面上ではとても似ています。そのため、印刷して初めて、文字フォントの誤りに気が付くことがあります。

文字フォントの誤りを印刷前に発見しやすくする方法があります。それは、パソコン画面の表示倍率を上げるのです。Word などの Office 製品であれば、画面右下にズームを表すスライダーが表示されています。倍率を150%程度にすると、ゴシック体の文字がはっきりと濃く表示されてわかりやすくなります。画面上部にある「表示」のタブをクリックしても、表示倍率を変えるメニューが現れます。

この方法は、画面上での文字フォントのチェックに便利です。でも、最終的なチェックは紙に印刷して行いましょう。

また、ありがちな「やっちまったミス」は、日付の誤りです。「過去の資料を再利用したときに日付の修正を忘れる」というミスは代表的な「あるある」です。せっかく日付を修正したのに、曜日が食い違っているというミスもあります。

内容とは関係のないところでの凡ミスは、資料の価値を下げてしまうのでもったいないです。過去の資料を再利用した場合でも、スミからスミまでチェックしましょう。

point

最後には印刷してチェックせよ。

ネイティブのピンキリ

「日本語を母国語にしている人が、日本語の文章チェックをしたから大丈夫！」なんてことはありません。

同様に、「英語を母国語にしている人が、英語の文章チェックをしたから大丈夫！」ということもありません。

母国語でのチェック、すなわちネイティブチェックでは、文法上の誤りやおかしな言い回しを発見できるでしょう。

ところが、日本語を母国語にしている人が添削したからといって、よい文章になるとは限りません。なぜでしょう？　母国語をチェックする能力と、文章を書く能力とは別だからです。

日本人が書く日本語の文章は、文法の間違いこそないかもしれません。ところが、日本人が書く日本語の悪文は、山ほどあります。日本人がチェックしたからといって、よい文章になっているとは限らないのです。

英語の論文は、英語を母国語にしている人がチェックしたからといって、よい英文になっているとは限りません。そもそも、日本語を英訳した文章であったなら、もとの日本語の文章が正しいかどうかが問題になります。

英訳を仕事にしている人はプロですから、どんなに悪文の原稿でも見事に英文にしてくれます。しかし、もとが悪文ならば、文法上の誤りがなくても伝わらない英文になります。「ネイティブチェックは文法チェック」と思った方がよいでしょう。

文法チェックをクリアした文章は、第2章に書かれている留意点をクリアした文章なのです。その先には、第3章や第4章の留意点があることをお忘れなく。

point

母国語が日本語でも、良い日本語文章を書けるとは限らない。

だけど、心なんて

アン・ルイスのヒット曲に「六本木心中」（注）（作詞：湯川れい子、作曲：NOBODY、編曲：伊藤銀次）があります。この曲は予想外の歌詞で始まります。

♪「だけど、こころなんて、お天気で変わるのさ」

何の説明もなく、いきなり「だけど」という接続詞から始まるのです。不意を突くような型破りの曲です。1984年にリリースされたとは思えない新鮮なメロディで、今でもカラオケで歌われています。

「六本木心中」のように接続詞で始まる歌詞が、歌の世界ではあり得ても、論文やレポートでは接続詞で始まる節や章はあり得ません。「しかし」「そして」「又は」

で節や章を書き始めてはいけません。
節や章で区切られているということは、前の文とは異なる話題やトピックを扱うということなのです。節や章の書き出しは、前文を引きずるような書き方をしないのです。もしも、前の文章を受けるのであれば、その文も前の節や章の中に置かなければなりません。

論文やレポートの内容をしっかりと整理しましょう。伝えたい内容を効果的に伝えられるように、項目、節、章を構成させます。単に情報を書き並べただけでは、ただのまとめでしかありません。そして、項目、節、章を接続詞で書き始めないようにします。

ついでに「六本木心中」の型破りな点をもう一つ紹介すると、「六本木心中」という曲名なのに、曲中にはひと言も六本木が登場しないのです。それでいて多くの人に「六本木心中」という曲名が印象付けられている。本当に不思議な曲です。

point

「しかし」「そして」で節や章を書き始めない。

第2章 間違いのない文を書く⑨

漢字変換ミス

児童ドア。
ある学校では先生が教室に行くと、児童がドアを開けてくれる。これが児童ドア……ではありません。実は「自動ドア」の変換ミスです。

せっかく苦労して書いた文章の中にある誤字は、きれいな着物に付いたシミ汚れのようなものです。残念なシミです。たった一つあるだけで、全体の価値を下げてしまいます。だから、しっかりチェックして誤字を撲滅しましょう。

誤字が発生する原因の一つに、パソコンでの変換ミスがあります。パソコンは、誤字製造機だと思ってください。

◉ 変換ミス	◉ 正しい変換
馬食い家内が象サイズになった	うまくいかない画像サイズになった
何か父さん臭い時がある	何かと胡散臭い時がある
肋骨食ってください	6個作ってください
口臭か胃の出血を確認してください	講習会の出欠を確認してください
寄生虫で重体だ	規制中で渋滞だ
あなたの小鳥怪死体	あなたのこと理解したい
チクリ苦情大会	地区陸上大会
運転席がワニ起きっぱなし	運転席側に置きっぱなし
貝が胃に棲み始めた	海外に住み始めた
隠し事がしたい	書く仕事がしたい
鳥引き裂きに行きます	取引先に行きます
洗濯物と離婚できました	洗濯物取り込んできました
少額制問題。水野さん大変かを書け	小学生問題。水の三態変化を書け
リスとヒョウを送ります	リスト表を送ります
怪盗アンデス	回答案です
お客彷徨うトイレ	お客様用トイレ
明日、私は野蛮なので…	明日、私早番なので…
乾燥機貸して	感想聞かして
頭部打つ飲み屋	東武宇都宮
欲で汚いようです	良く出来た内容です

出典：「年間変漢ミスコンテスト」財団法人日本漢字能力検定協会などから作成

パソコンの日本語入力では、読みが同じであれば、別の漢字が出てきます。気が付かないまま確定してしまい、そして、時間がないからといって斜め読みのチェックで済ますと、見逃してしまうのです。

ネットには誤変換の例として「欲で汚いようです」が紹介されていました。まるで悪口を言っているような文章です。でも、本当は「良く出来た内容です」と書きたかったのです。真逆の意味に変換されてしまったのですね。誤変換でトラブルが起きるかもしれません。

もっと賢くなったＡＩ（人工知能）が漢字変換に導入されれば、誤変換がなくなるかもしれません。その日が来るまで、人間の目による慎重なチェックが必要です。

また、まだ入力もしていないのに、先を予測して語句が表示される機能があります。予測変換という余計なおせっかい機能です。急いでいると、しっかり確認しないまま確定させてしまうことがあるので気を付けましょう。

point

漢字変換は慎重に。予測変換機能にも気を付けよ。

第❸章

誤解のない文を書く

どういう意味なんだ？と言われないために

書いた人の意図とは別の解釈がされてしまう文章は、伝わらないだけでなく、誤解釈される文章です。単に意味がわからない文章よりも、むしろ危険かもしれません。誤解釈で、トラブルに発展する恐れがあるからです。ビジネス文書ならば、損害をもたらすかもしれません。誤解釈されない文章を作成しましょう。

「又は」は片方だけ

注意すべき接続詞があります。それは「又は」です。「どちらか一方」を意味していて、「両方」を意味してはいません。英語でいえば〝or〟です。

例えば、あなたが役所で何かを申請しようとしていたとします。申請書に必要事項を記入しました。「さて、どの窓口かな？」と見回すと、「1番窓口、又は2番窓口に提出してください」と掲示されています。あなたはどちらの窓口に提出しますか？

1番窓口と2番窓口があって、どちらかに提出する。その通り。このシーンでの「又は」の使い方は正しい。ところが「1番窓口、又は2番窓口で受け付けています」と掲示されていたらどうですか？

もしも、1番窓口と2番窓口のどちらでも受け付けているのだったら、「1番窓口と2番窓口で受け付けています」が正しい掲示になります。「又は」ではなく「と」を使うべきなのです。案内表示の誤りならば、大きな問題にはならないでしょうが、ビジネス文書では大きなトラブルになることもあります。

情報システムの仕様書に、「データの修正が発生した場合、窓口端末、又は管理端末で修正できること」という要件が記載されていました。システムが完成して納品され、システムを業務で使っていたところ、データの修正が発生したので、さっそくデータの修正に取り掛かった。すると、窓口端末ではデータ修正ができたのに、管理端末ではできませんでした。なぜか？

このトラブルの原因は、システム開発会社のミスとは言い切れません。「又は」が使われていたからです。「又は」は、英語の〝or〟の意味ですから、システム開発会社が、「窓口端末と管理端末の『どちらか一方』でデータ修正できること」と解釈したことを責めることはできません。

窓口端末と管理端末の「どちらでも」データを修正できるようにしたければ、「窓口端末と管理端末でデータを修正できること」と書くべきだったのです。

「どちらか一方」ではなく「どちらでも」ならば、英語の〝and〟に相当する「と」を使うべきなのです。

point

「又は」は「どちらか一方」の意味で使う。

修飾と被修飾を近づけよ

修飾する語句と修飾される語句は、できる限り近づけましょう。この両者が離れれば離れるほど、意味の取り違えが発生しやすくなります。両者の間にほかの語句が挟まると、修飾関係があいまいになるからです。

修飾する語句と修飾される語句は、恋愛関係にある男女のようなものです。両者を離したり、他の語句を間に挟んだりすると、話がややこしくなる。

例えば、「おいしい駅前店のランチ」だと、駅前店のランチはおいしいということがわかります。まさかお店を食べる人はいないので、「おいしい」は「ランチ」を修飾しているとわかります。でも、「かわいい女の子のペット」となると、「女の子がかわいい」とも解釈できるし、「女の子のペットがかわいい」とも解釈できます。もしも、ペットがかわいいのならば、「女の子のかわいいペット」と書けば誤解釈がなくなります。修飾する語句と修飾される語句を近づけるのです。

また、女の子がかわいいのならば、「かわいい女の子が飼っているペット」と補うことで、女の子がかわいいと思えるようになります。でも、「かわいい」がペットを修飾していると解釈される余地が残ります。このような場合は、いっそのこと文を2つに分ければ、誤解釈がなくなります。「かわいい女の子がいます。ペットを飼っています」です。

ある日の新聞に、2005年に起きたJR脱線事故を扱った記事がありました。事故で亡くなった方の後輩が救急医療の道を志したという内容でした。そして、写真が掲載されていて、「脱線事故で亡くなったAさんの父、Bさんにあいさつに訪れたCさん」という説明文が添えられていました。

ぼーっとして読んでいたら、亡くなったのはAさんなのか、Bさんなのか、Cさんなのか、わからなくなります。修飾する語句と修飾される語句を近づけるという原則から解釈すると、亡くなったのはAさんのようです。

point

修飾する語句と修飾される語句を近づける。

「の」の七変化

文章の中には助詞「の」が多く登場します。文章を書くときによく使っている「の」にも、少しだけ気を使ってほしいものです。

「『の』をほかの表現にできるだろうか?」と見直すことで、グッと明確な文に変わります。

「の」を使用したときに、ちょっと立ち止まって、この「の」はどんな意味なのだろうかと考えてください。

「の」の意味が英語の〝of〟であれば、そのままで大丈夫です。しかし、「の」には〝of〟以外の意味で使われている「の」もあります。そのような場面では、少し言葉を補って書けば、意味がより明確になります。

例えば、「Aさんの写真」とした場合の「の」には、いくつもの意味が考えられます。

◉Aさんが持っている写真
◉Aさんが写っている写真
◉Aさんが撮った写真
◉Aさんが選んだ写真
◉Aさんが勧める写真

「〜の…」という表現があった場合、少しだけ気にしてください。「この『の』はどんな意味だろう?」と考えてみるのです。そして、「の」を使わないで表現すると意味がはっきりすることがあります。「会社の資産」は「会社が所有する資産」、「自治体の施設」は「自治体が管理する施設」、「住民の意見」は「住民が述べている意見」と書き換えることができます。こうすることでほかの意味に解釈される余地がなくなります。

次の項目の書き出しを見てください。「ZONEが歌うsecret base」としました。「ZONEのsecret base」とせずに、あえて「の」を避けて書いています。ちょっとした工夫で意味が明確になります。

point

「の」を言い換えると意味がはっきりする。

体言止め

ZONEが歌う「secret base ～君がくれたもの～」（作詞・作曲：町田紀彦、2001年）には、夏の終わりに感じる寂しさが表現されています。

♪「君と夏の終わり、将来の夢、大きな希望……」

情景写真を次々と見せられているような楽曲です。このように文末の「です、ます」まで書かずに言い切る表現を「体言止め」といいます。

俳句でも体言止めがよく使われます。

「古池や／蛙飛び込む／水の音」。

「水の音です」とか「水の音でした」などと言いません。描いている情景について、さまざまな思いを巡らせてもらうために、「水の音」と体言止めにしています。体言止めにすることで俳句に奥深さが生まれています。

ＬＩＮＥでの会話にも、体言止めがよく使われていますね。「今日の夕飯何?」「カレー」というやり取りはよくある会話です。ところが日常会話では使っていても、論文やレポートでの体言止めはタブーです。「である」のか「ではない」のか、文章を文末まで省略せずにしっかり書きましょう。日本語は、文末で意味が完結するからです。文末で意味のどんでん返しがあり得る言語が日本語なのです。「文末で意味のどんでん返しがあり得る言語が日本語なのです」を、体言止めで書くと、「文末で意味のどんでん返しがあり得る言語が日本語」となります。文末まで書いていないので、「日本語である」「日本語だろう」「日本語かもしれない」「日本語だった」「日本語だとする」「日本語らしい」「日本語といわれる」「日本語のようである」という具合に勝手な解釈ができてしまうのです。

省略せずに最後まで書きましょう。「文脈や前後の文で大体わかるだろう」なんて、手を抜いてはいけません。ただし、図表、グラフの中の語句では限られたスペースに文字を書き込むため、体言止めを使うことがあります。また、見出し、箇条書きにも体言止めが用いられます。

point

文末まで書く。省略しない。

客観的な裏付けで正当化

小説や感想文ならば、思いのたけを好きなように書いてもいいのです。「読書感想文では、自分がどう感じたかを書け」と学校で教えられてきたでしょう。そのような教育を受けてきた人は、「自分がどう思ったのか」を書きたくなるのかもしれません。

ところが、論文やレポートは感想文ではないので、主観的な表現や感覚的な表現を使いません。

そのため一人称の「私」は登場しません。「私がどう思ったか」ではなく、「客観的にどうなのか」が問題なのです。従って、「～と思う」「～と感じる」「～と考える」という表現も使用しません。それらの主語は「私」だからです。

論文やレポートでは、考察することが必要になります。考察するのは、もちろん「私」です。だから、「私は～と考える」と一人称で述べたくなるかもしれませんが、たとえ「私が考えたこと」であっても、「その考えが客観的にどうなのか」が重要なのです。「私は～と考える」と書くと、「そう考えたのはあなたでしょ？　それは正しいの？」と突っ込まれることになります。だから、論文やレポートでは、客観的な裏付けとともに自分の考えを正当化して述べるのです。その時に、一人称を使わずに書くのです。

客観的に書くという点では、新聞記事が参考になります。読者に事実を客観的に伝えることが新聞の使命ですから、新聞は主観的な表現を避けています。記事は記者の体験談や感想文ではありません。客観的に伝えるという点は、論文やレポートも同じなのです。

ごまかす方法はあります。考察を書くときに、「私はこう考える。でも、一人称を避けたい」というときは、「私はこう考える。仮に第三者が考えても同じ意見になるだろう」という意味で、「～と考えられる」「～と考察できる」「～と認められる」と書くのです。

この表現は、「私だけの個人的な意見ではない」ということを匂わす巧妙な書き方です。

point

「私は」を使わず、客観的な表現で書くべし。

「あれ、これ、それ」ってどれ？

田舎のおばあちゃんがよく言っていた口癖があります。「もし、あれの時は……」。「あれ」って何だ？ その場にいる人には雰囲気でわかるのでしょう。暗黙の了解というおばあちゃんの得意技です。

　ところが論文やレポートでは、そうはいきません。暗黙の了解は通用しないのです。何となくや雰囲気では伝わりません。正確で客観的であることが求められますから、「あれ、これ、それ」は何なのかが明確でなければなりません。もしも人によって、「あれ、これ、それ」の解釈が異なるとしたら、その文は悪文です。

　現代文の試験では、「『これ』が指している語句は何か？」という問題がよく出題されます。生徒たちはうんうん唸《うな》りながら解いています。頭を悩ませながらでなければ解釈できないとしたら、出題に使われた文は悪文です。そもそも、誰が読んでも同じ解釈になるように文を書くべきなのです。

もしも、試験問題に使ったときに、不正解者が出るとしたら、その文は正しく伝わるように書かれていなかったのです。

正しく伝わらなくしている原因の一つが、「あれ、これ、それ」です。代名詞「あれ、これ、それ」は、文の中にあるゴミだと思った方がよいでしょう。小学校の国語では「こそあど言葉」とも表現しています。

文章にあるゴミは、できる限りなくしましょう。どうやってなくすのかというと、「あれ、これ、それ」が示している語句を、できる限り明記するのです。明記すると文章の意味が明確になります。間違った意味で伝わる危険がなくなります。現代文の試験問題に使われる文章も、そもそも著者が正しく書いていれば、生徒が悩まされることもなかったはずなのです。

契約書や仕様書、条例などでよく見る「この限りでない」という文は、悪文であることがわかると思います。「この限り」の「この」とは、何を指しているのかを読み直さなければいけません。「はっきり書け!」と突っ込みたくなります。

point

「あれ、これ、それ」の内容を明記する。

「等」だと万物になる

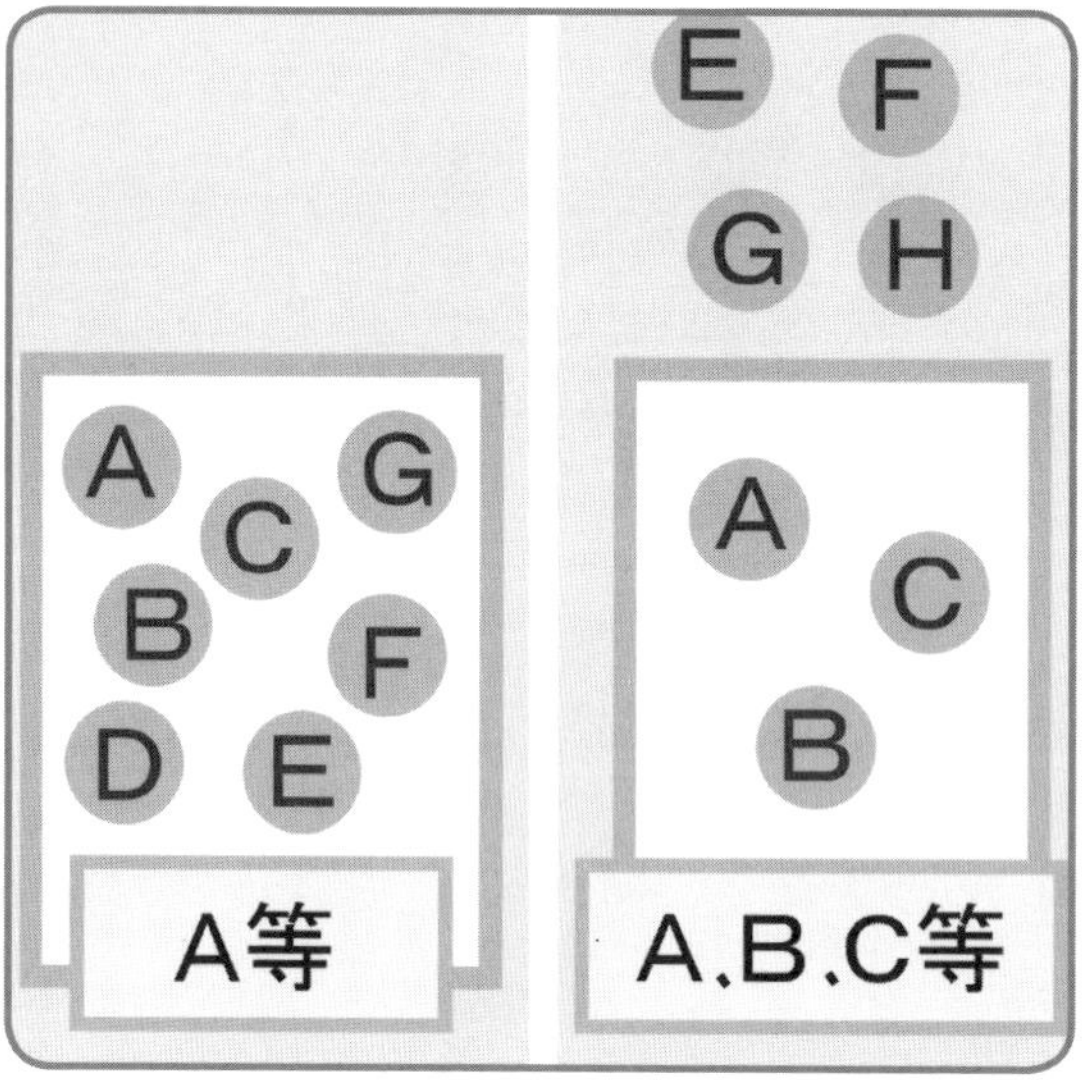

ほかにも何かあると思うのだけれど、はっきりと示すことができない。そんなときにごまかす書き方が「等」です。

本人は、ほかに何があるのか示せないまま「等」と書いているのですから、その文章を読んでいる人にわかるはずがありません。

「等」という書き方は、保険をかけた表現なのです。あとから「それ以外のものがある」とわかっても、「『等』の中に含まれている」と言い訳ができる。そんな便利な用語が「等」なのです。

仮に「等」の中に含まれているという言い訳が許されるのなら、世の中の万物すべてが、「等」に含まれてしまいます。それでは、論文やレポートになりません。正確に伝えなければいけないのですから、ごまかして書いてはいけないのです。

もしも、それ以外に何があるのかを説明できないのであれば、しっかり調べてから書きましょう。論文、レポートとは、そういうものです。

「等」の正しい使い方は、次のような使い方です。いくつか複数の語句を並べて、「これらは」という意味で「等」を付けるのです。

例えば「A、B、C等」という使い方は正しい。「A、B、C等」は、「A、B、C」を意味していて、これ以外のDやEは含まれていません。でも、「A等」と書いてしまうと、A以外のBもCもZも何でもありということになってしまうのです。ごまかしちゃいけません。

◉A、B、C等→A、B、Cを意味している。DやEは含まれない。

◉A等→A以外のBもCもZも含まれる。

point

ほかに何があるのか示せないなら「等」を使わない。

100%を断言する表現

世の中は不確実です。なのに、「絶対」とか「全て」とかの用語を安易に使うと墓穴を掘ることになります。へそ曲がりの人やあまのじゃくの人がいたら、「本当に絶対なのか？」と反論したくなるからです。

「あらゆる分野に普及した」なんていう表現もうかつに使ってはいけません。本当に「あらゆる」なのか、例外はないのかをもう一度考えてみましょう。例外があるのなら「多様な分野に普及した」とすればセーフになります。世の中に完全に100%なんて、そうそう存在するものではありません。

日常会話の中でならば許されても、レポートや論文の中では、「絶対」「全て」「あらゆる」の用語を使うときには慎重になってください。本当に証明できる場合にだけ、100%を断言する表現を使いましょう。

結婚式では新郎新婦が「一生、愛します」と誓っています。誓ったはずなのに、年間20万組もの夫婦が離婚しています。永遠なんてあり得ないと知っていながら、愛だけは永遠であってほしいと願って、「一生」といっているんですね。子どもの頃、友達が「一生のお願い」と言ったときに、「本当に一生なんだな！」と念を押したものです。

「必ず」も気軽に使えない用語です。うかつに使うと、こんな質問をされます。

「ほかの部分は『必ず』ではなくて、なぜここだけが『必ず』なのか？」

こっちは「必ず」で、あっちは「必ず」ではない合理的な理由を説明せよということなのです。もしも、理由の説明ができないならば、うかつに「必ず」を使わないことです。「必ず」というときには、主観的な判断が入っていることに気が付くでしょう。何度も言います。論文やレポートは文学作品ではありません。「必ず朝が来る」的に文学作品や体験談を書くのであれば、個人的な感情や主観を好きなだけ盛り込めます。しかし、論文やレポート、報告書、仕様書では、客観的に記述することが求められます。

たとえ取り上げた題材や結論に個人的な思い入れがあったとしても、表向きには客観的に書くのです。

point
「絶対、全て、あらゆる」に注意せよ。

近年っていつ？

絶えず変化している時間を、安易に「現在」とか「近年」とかで表現するのは乱暴です。正確に述べなければならない論文やレポートでは、時間を示す表現に注意してください。「現在」や「近年」を使用することは、タブーです。

時間は流動的なのです。「現在」と書いたときの時点と、誰かが文章を読んでいるときの時点は異なります。「現在」ではなく、いつなのかを明確に示すべきです。

「私が書いている今が現在だ」という言い訳は、自己中心的です。あなたが書いている今はいつなのかをはっきりさせましょう。

論文やレポートは、文学作品ではありません。随筆やエッセイでもありません。時期や時点を表すときにも、客観的で正確に述べなくてはなりません。「近年」で書き始めた論文は、いきなり「近年って、いつ?」と指摘されることになります。

《使わない表現、避けたい表現》

◉近年　◉最近　◉現在
◉今は　◉今こそ
◉以前　◉かつて　◉昔は
◉数年前　◉ここ数年
◉ここ10年　◉過去10年

どうしても「現在」と書きたくなったときの表現をアドバイスしましょう。それは「2020年時点では」と、年号で示すという方法です。これで流動的な時間が固定されます。

point
時点を「近年」でごまかすべからず。

「こと」「もの」に頼らない

うっかりすると多用してしまう言葉が「こと」「もの」です。一般に「こと」は出来事や経験を指し、「もの」は形ある物体を指します。どちらも示す範囲が広いので、うかつに使うと文章の意味が曖昧になってしまいます。できる限り、具体的な語句で書く努力をしましょう。そして、さらに「こと」「もの」を使わない表現を考えましょう。

実は、この本の中でも「こと」「もの」を使っている箇所があります。「こと」「もの」を無理に置き換えると不自然な文章になるからです。もしも、適切な語句に言い換えができない場合は、「こと」「もの」のまま残した方がよいでしょう。

《「こと」を避けた例》

「遅刻することがないように……」

←

「遅刻する結果とならないように……」

←

「遅刻しないように……」

《「もの」を避けた例》

「ダイエットにはいろいろなものがあります」

←

「ダイエットにはいろいろな種類があります」

←

「いろいろなダイエット法があります」

point

「こと」「もの」を具体的に書く。

3つ以上は箇条書き

文章の中で「及び」「ならびに」を使って書き連ねるよりも、箇条書きにしましょう。目安として、語句が3つ以上になるときは箇条書きです。

×「国民の三大権利は、生存権（健康で文化的な最低限度の生活を営む権利）及び、教育を受ける権利（教育を受ける権利）、参政権（政治に参加する権利）です」

↓

○「国民の三大権利は、次の3つです。
（1）生存権（健康で文化的な最低限度の生活を営む権利）
（2）教育を受ける権利（教育を受ける権利）
（3）参政権（政治に参加する権利）」

文章の中にズラズラと書き並べるのではなく、項目を一つひとつ、分けて並べるのです。そして、それぞれの行頭に数字や記号を付けると、わかりやすくなります。

教育基本法の前文は、次のように書かれています。

「（前略）我々は、この理想を実現するため、個人の尊厳を重んじ、真理と正義を希求し、公共の精神を尊び、豊かな人間性と創造性を備えた人間の育成を期するとともに、伝統を継承し、新しい文化の創造を目指す教育を推進する」

どのような教育を推進するのか、理解できましたか？　箇条書きにすればわかりやすくなります。

「（前略）この理想を実現するために、次の教育を推進します。

・個人の尊厳を重んじる
・真理と正義を希求する
・公共の精神を尊ぶ
・豊かな人間性と創造性を備えた人間の育成を期する
・伝統を継承し、新しい文化の創造を目指す」

point

3つ以上ある場合は箇条書きにする。

慣用句の誤用

思い込みは誤字だけでなく、慣用句の誤りも生みます。慣用句を間違った意味に使っていると、常識が疑われて、せっかくの文章の価値を下げることになります。

次のような場面での慣用句の使い方はどうでしょうか？　自分の知識をチェックしてみましょう。

「A君は試験で赤点を取った。このままでは不合格だ。先生はかわいそうだと思い、A君を特別に合格とした。この温情がA君のためにはならないとして『情けは人のためならず』と表現した」

どうですか？　この使い方は間違いです。「情けは人のためならず」の正しい意味は、「情けをかけることは自分のためになる」だからです。

◉ **情けは人のためならず**

本来の意味　○人に情けを掛けておくと、巡り巡って結局は自分のためになる

誤った用法　×人に情けを掛けて助けてやることは、結局はその人のためにならない

◉ **枯れ木も山のにぎわい**

本来の意味　○つまらないものでも無いよりはまし

誤った用法　×人が集まればにぎやかになる

◉ **檄《げき》を飛ばす**

本来の意味　○自分の主張や考えを、広く人々に知らせて同意を求めること

誤った用法　×元気のない者に刺激を与えて活気づけること

◉ **流れに棹《さお》さす**

本来の意味　○傾向に乗って、ある事柄の勢いを増すような行為をする

誤った用法　×傾向に逆らって、ある事柄の勢いを失わせるような行為をする

◉ **気が置けない**

本来の意味　○相手に対して気配りや遠慮をしなくてよい

誤った用法　×相手に対して気配りや遠慮をしなくてはならない

◉ **煮え湯を飲まされる**

本来の意味　○信頼していた者から裏切られる

誤った用法　×敵からひどい目に遭わされる

◉ **うがった見方をする**

本来の意味　○物事の本質を捉えた見方をする

誤った用法　×疑って掛かるような見方をする

出典：「国語に関する世論調査」の結果の概要、文化庁から作成

「逆転満塁ホームランを打たれてガックリしている選手たちに向かって、監督は檄《げき》を飛ばした」というシーンは高校野球でありそうな場面です。しかし、元気のない者を激励するという意味に使うと、慣用句の誤りになります。

「檄《げき》を飛ばす」は、自分の主張や考えを広く人々に知らせて同意を求めるという意味なのです。選挙運動で宣伝カーの上からマイクで演説している候補者は檄を飛ばしているのですね。

語源は、行動や決意をうながす文書を送ることです。厳密にいうと、口頭での演説は少し外れているのかもしれません。しかし、書面だけが伝達手段ではなくなっている現代では、口頭でもSNSでも檄を飛ばせるようになりました。さまざまな慣用句も本来の意味を誤解している人が多くいます。文化庁の調査によると、誤解の割合が半数を超えた慣用句もあります。

言葉は生き物ですから、誤用が誤用でなくなる日が来るのかもしれません。

point

情けは人のためならずは、自分のためになるのです。

第4章

わかりやすい文を書く

「読みにくい」と言われないために

わかりやすい文とは、一読して理解できる文です。理解するために二度読みが必要な文は、悪文と思って間違いありません。

文学作品であれば、何度も読み返して味わえばよいでしょう。しかし、論文やレポートは文学作品ではありません。一読しただけで内容を把握できる文章にしましょう。

この章では、二度読みをせざるを得ない悪文の特徴を紹介します。ぜひ、参考にしてください。

「この限りではない」とは どの限り？

「この限りではない」というもったいぶった言い回しは、法令や契約書の文章によく見られます。「この限り」はどの限りなのかを知るために、二度読みをしなくてはなりません。

私たちは、法令や契約書の言い回しを、マネして使うべきではありません。

＊

【民法896条】
相続人は、相続開始の時から、被相続人の財産に属した一切の権利義務を承継する。ただし、被相続人の一身に専属したものは、この限りではない。

＊

「この限りではない」の「この限り」とは、いったい

「どの限り」なのかを理解するために、また前の文を読まなければなりません。二度読みを強いるという、非常に不親切な言い回しだということがわかります。

さらに難しくしているのは、「この」が前の文の全部を指しているのか、一部を指しているのかで、解釈が異なるという点です。

ですから、「この限りではない」は使うべきではありません。どうしても使いたい場合には、「この限り」とは、いったい「どの限り」なのかが正確に伝わるようにはっきりと書いていなければなりません。

日本の法体系は、憲法を頂点として条約、法律、政令、省令、条例などから構成されています。国民が守るべき事項を示しているのですから、本来は国民が理解できるように書くべきです。

そこで、「法令が使う文体や言い回しは、わかりやすくあるべき」という考えのもとで、法令の平易化が進められています。

その取り組みが「ひらがな口語体」化です。ひらがな口語体になっても、残念なことに、まだまだ「この限りではない」のような独特の言い回しが残っています。

point

「この限りではない」などの法令独特の言い回しを使わない。

「することができる」は「できる」に

「本書で文をわかりやすくすることができる」なんて文があったときに、「何だか変だな?」と感じたならば、あなたの感覚は正常です。文をまどろっこしくしている言い回しが「することができる」なのです。

「することができる」を「できる」とすればシンプルになります。つまり「本書で文をわかりやすくできる」と書けば、スッキリします。わざわざ余計な字数を付け足すからまどろっこしくなるのです。

このような「することができる」という言い回しは、法令や契約書でよく目にします。

*

「日本国憲法 第4条

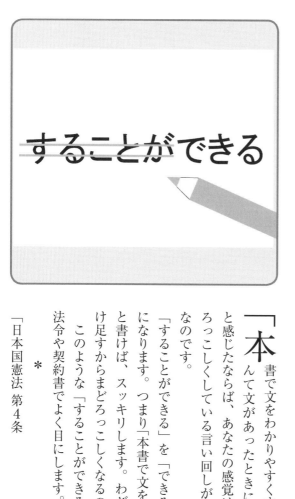

天皇は、法律の定めるところにより、その国事に関する行為を委任することができる」

「委任できる」とすればわかりやすいのに、憲法の条文を堅苦しく読みにくくしていますね。

「することができる」は、契約書でも使われます。「本契約の全部、又は一部を解除することができる」は、契約書で定番の条項です。「解除することができる」は「解除できる」とスリム化できます。

＊

《「することができる」の改善例》

◉ 調査することができる。→ 調査できる。

◉ 分析することができる。→ 分析できる。

◉ 推測することができる。→ 推測できる。

＊

同じように「することにします」「であるといえます」という言い回しもシンプルにできます。

◉ 評価することにします。→ 評価します。

◉ 基本であるといえます。→ 基本です。

point

「することができる」は「できる」だけでよい。

「てにをは・が」1回ルール

「何だかわかりにくい文章だな」と感じたら、助詞の「てにをは」や「が」に着目するとよいです。「てにをは」や「が」が同じ文の中で何度も使われていると、文の構造がつかみにくくなるのです。わかりにくい文の「あるある」です。

原則として、一つの文の中に「てにをは・が」を、一回だけにしましょう。

「てにをは・が」1回ルールを守るだけで、文がとても読みやすくなります。どうしても2度使いたくなる場合は、思い切って文を2つに分けるとよいでしょう。2つに分けたらシンプルでわかりやすい文になるはずです。そして、それぞれの文の中で「てにをは・が」を1回だけ使いましょう。

ある日の新聞に、こんな記事が掲載されていました。誰もが知っている大手新聞のオンライン版です。

＊

「××新聞オンライン2019年2月18日

『辺野古移設、沖縄県の審査申し出却下……提訴検討』

○○委員会は、県の埋め立て承認撤回を石井国土交通相が執行停止したことを不服とする県の審査申し出を却下した」

＊

わかりにくい文ですよね。一つの文の中に「を」が3回も使われているからです。この記事の内容が読者に正しく伝わったのかは疑問です。

わかりやすい文を書く簡単なルールが、「てにをは・が」1回ルールなのです。

point

「てにをは・が」が2度登場するなら、文を2つに分ける。

一つの文に一つのテーマ

○○で、××××だから、
△■○で、▽▽▽なもんで、
□□□の時に、◇◆◇で、
◎◎になっちゃっても～！
それでね～

話し好きのおばちゃんの話はエンドレスです。いろんな話題がズルズルと続く。たくさんのことを話すのだけれど、結論はない。何を言いたかったのかもわからないまま終わる。オチもない。きっとおしゃべりすることが目的なのでしょう。シンプルセンテンスでは、一つの文の中で一つのことだけを述べます。一つの文にあれもこれもと詰め込んではいけません。あれもこれもあるのならば、文を分けて述べましょう。

挿入句も考えものです。文の途中で説明を付け加えたくなって、読点「、」を付けて説明を挿入したくなる。でも、ちょっと待った！　話し好きのおばちゃんにならないよう、できる限り挿入句を入れずに書きましょう。挿入せずに、別の文として書くのです。

挿入句のほかにもカッコを付けて挿入する注釈文も、文を長くします。詳しく説明したくなって、カッコを付けて付け加えてしまうのです。カッコ付けの注釈文も、できる限り避けましょう。読点「、」やカッコ「（ ）」で説明を付け加えるよりも、別の文として独立させた方がわかりやすくなります。

《平成29年度 文部科学白書から抜粋》
「教員の技術指導の補助を行う外部指導員に加え、ライセンス顧問（単独指導・単独引率ができる資格を教育委員会が付与した外部指導者）を導入しました」

↓

「教員の技術指導の補助を行う外部指導員に加え、ライセンス顧問を導入しました。ライセンス顧問とは、単独指導・単独引率ができる資格を教育委員会が付与した外部指導者です」

また、もう一つの解決案は、脚注にするという方法です。解説したい語句や補足説明したい語句に（注）などの印を付加します。そして、そのページの下部か章末に説明を記載するのです。

point
一つの文に詰め込まずに、文を分ける。

第4章 わかりやすい文を書く❺

漢字の連結は5字まで

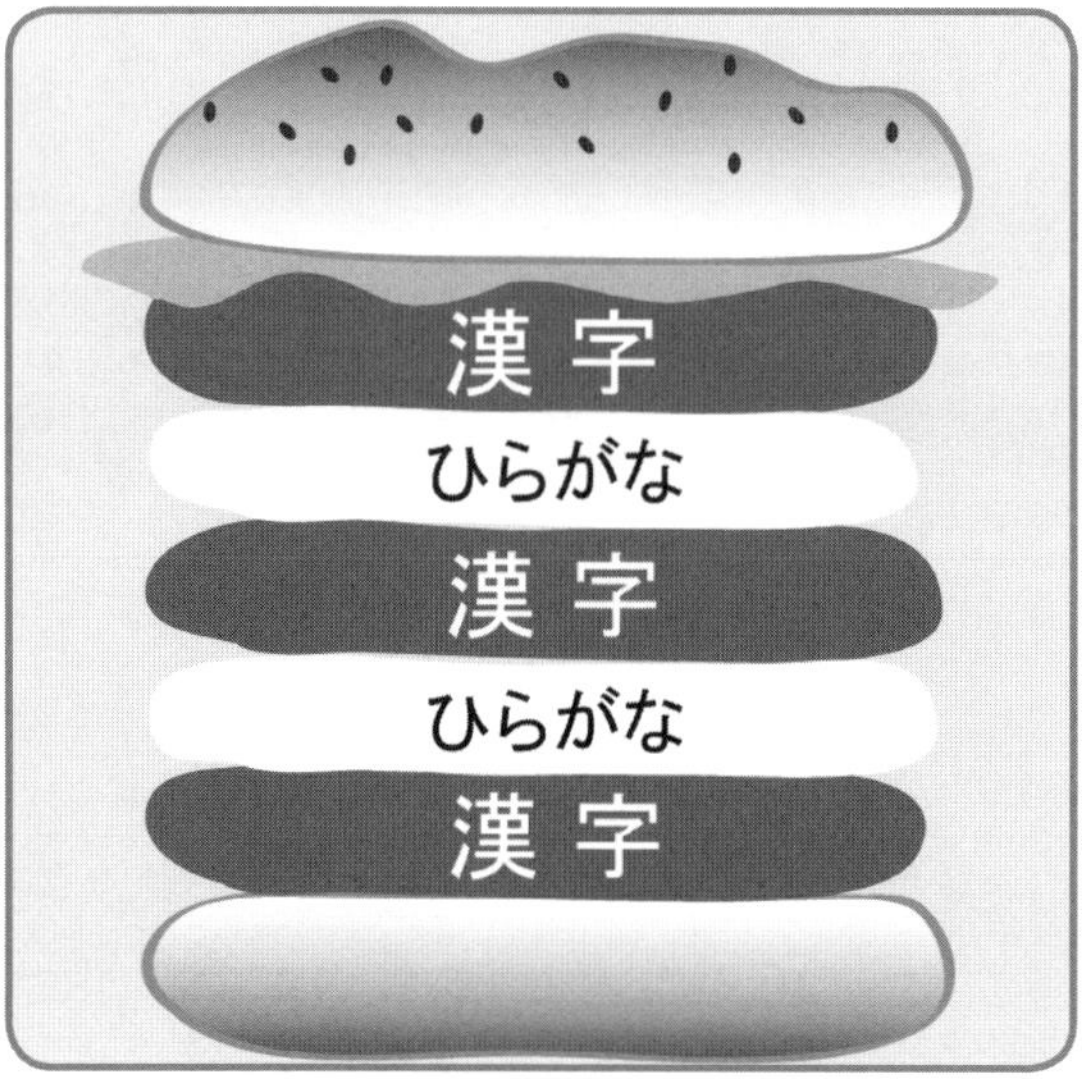

漢字が連続して並んでいると読みにくいものです。

漢字が連続してしまったら、途中にひらがなを入れてクッションにしましょう。たったそれだけで読みやすくなります。漢字がたくさん入っていると、難しく高尚な文のように見えます。だから、格調の高い文章を書こうとすると漢字が増えていきます。

例えば、「増える」を少し難しく言おうとすると「増加する」になります。「増える」が「増加する」になっただけでは、漢字が1文字増えただけかもしれませんが、この調子で漢字を増やしていくと、文の中の漢字がどんどん増えていきます。そして、ついには漢字が連なるという事態になります。「増える」が「急激増加傾向にある」になったりするのです。

漢字の語句が続くとわかりにくくなります。漢字が連なってしまう場合には、語と語の間にひらがなを入れると読みやすくなります。ひらがながクッションになるのです。

「急激増加傾向にある」
←
「急激な増加の傾向にある」

また、漢字の連続と同様に、ひらがなが連続しすぎても読みにくくなります。そんなときは文節の区切りがわかるように、読点「、」を入れるとよいです。

「ひらがながたくさんつづくとわかりにくくなるのはなぜか?」
←
「ひらがながたくさんつづくと、わかりにくくなるのは、なぜか?」

point

漢字が連続する場合は間にひらがなを挟む。

役所言葉にさようなら

法令や契約書で使われる法律用語や言い回しは、文章をわかりにくくします。法律用語と同様に避けるべき表現があります。それは、いわゆる「役所言葉」です。

行政の仕事は、法律に基づいて行われています。そんな事情が関係しているのでしょう。これまで行政の文書には法律用語にも似た、特有の表現が使われてきました。

これではいけないということで、資料や文書での文章を、住民にわかりやすい表現に変える取り組みが行われています。いくつもの自治体が文章の書き方のマニュアルを作成して改善しようとしています。

職員でなくても参考になりますから、読んでみるとよいと思います。役所を見習って、私たちもいわゆる役所言葉を捨てましょう。

《役所言葉といわれる用語の例》

割愛	→ 省略
起因する	→ 原因となる、基づく
寄与する	→ 役立つ、貢献する
主たる	→ 主な
種々	→ いろいろな、さまざまな
従前の	→ これまでの、従来の
所定の	→ 定められた
～にて	→ ～で
歪曲する	→ ゆがめる
いかんを問わず	→ どのような～でも
いささかも	→ 少しも
～においては	→ ～では、～は
看過する	→ 見過ごす
忌憚のない	→ 率直な、遠慮のない
遵守する	→ 守る
諸般の	→ いろいろな、さまざまな
逐次	→ 順次

point

役所言葉を使わない。

あえて繰り返し しっかり伝える

正しく伝わる文章の極意は、シンプルセンテンスです。でも、わかりやすくするためには、むやみに省略しないという気遣いも必要になります。つまり、あえて書くことで誤解がなくなるのです。

省略しないという書き方は、日常にあるメール文や資料にも活かせます。例えば、

「4月1日から3日までは、午前10時から午後5時まで受け付けています。ただし、1日は午前のみです」

という案内文があったとします。ムダのないスリムな文になっています。でも、むやみに省略せず、次のようにあえて繰り返して書くことでわかりやすくなり

ます。

「次の時間帯で受け付けています。

◉4月1日　午前10時から正午まで

◉4月2日　午前10時から午後5時まで

◉4月3日　午前10時から午後5時まで」

「わかりやすくする」「間違いなく伝える」という点では、むやみに省略せずに、あえて繰り返して書くという方法も有効だとわかります。書き方がくどくなったとしても、確実に誤解を防げるのです。

point

繰り返し部分を省略せずにあえて書く。

「及び」「並びに」は「と」「や」に

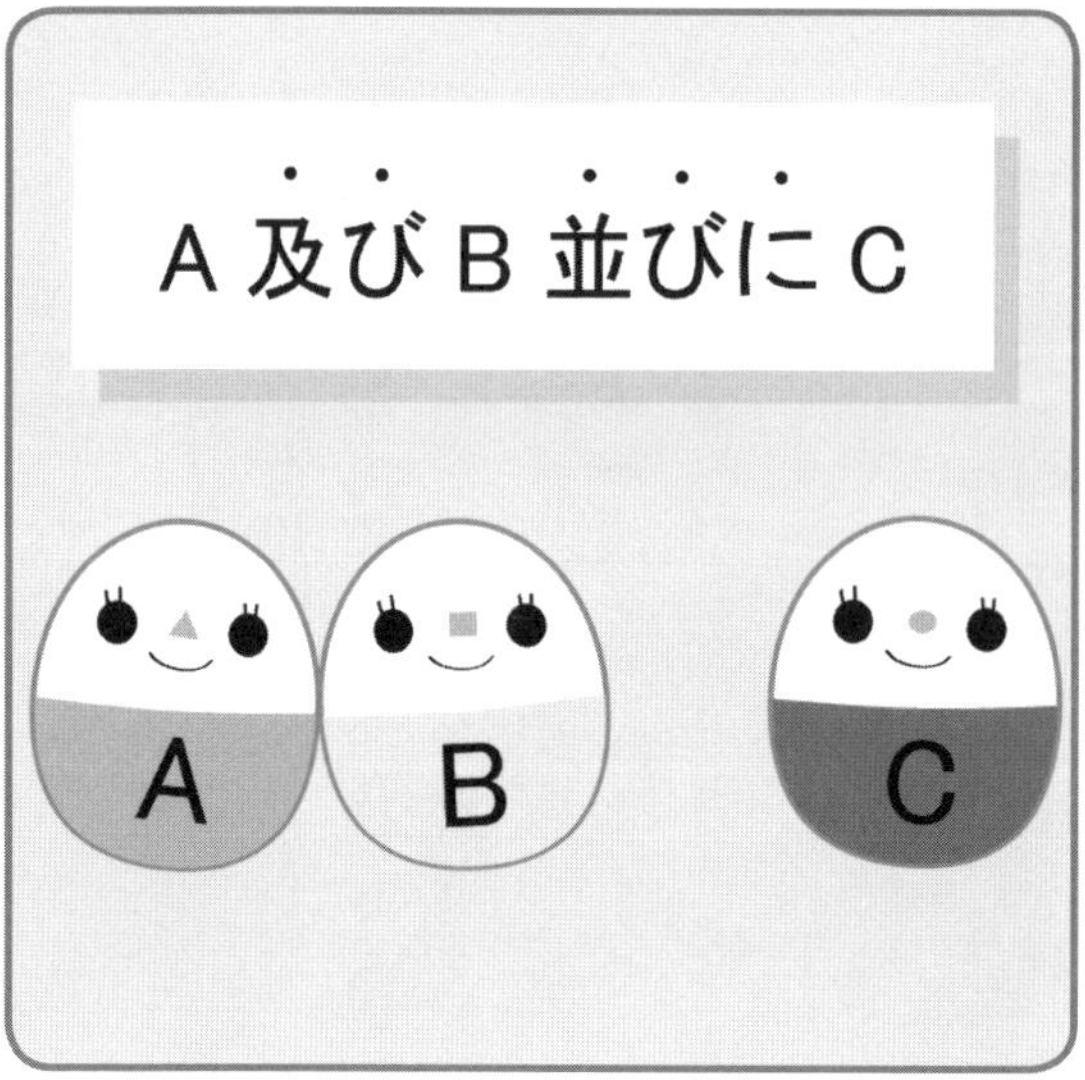

スマホの契約書を読んだことがありますか？「及び」「並びに」が出てきますよね。2つの事項を述べるときに、「及び」「並びに」が使われています。契約書のような偉そうに堅苦しく書いた文によく登場する語句です。「及び」「並びに」は、法令独特の表現です。どちらも英語の〝and〟の意味です。そして、四則演算が混在した数式では、計算の順番に決まりがあるのと同じように、「及び」「並びに」も文章に混在している場合、用法に決まりごとがあるのです。

「並びに」で大きく分類されていて、「及び」で細分化されていると考えればわかりやすいかもしれません。

また、「及び」の方が「並びに」よりも、結び付きが強いと考えてもよいでしょう。

カッコ内がセットになっています。

◉A及びB並びにC　→　（A及びB）並びにC
◉A、B及びC並びにD　→　（A、B及びC）並びにD
◉A及びB並びにC及びD並びにE　→　〔（A及びB）並びに（C及びD）〕並びにE

「及び」が先にセットになり、次に「並びに」でグループ化されます。このように「及び」「並びに」の用法には、確かに決まりがあります。しかし、一般の人は法律の専門家ではありません。「及び、並びに」の用法を知っている人ばかりではありません。勝手に使っておいて、一方的に解釈のルールを押し付けられたのではたまりません。

新聞記事を見てください。誰もが読めるように書いているので、「及び」「並びに」が登場しません。もっとわかりやすく、もっと平易な書き方があります。それは、〝and〟の意味として、「と」「や」を使うことです。

point

「及び」「並びに」を使わない。

「又は」、「若しくは」を避ける

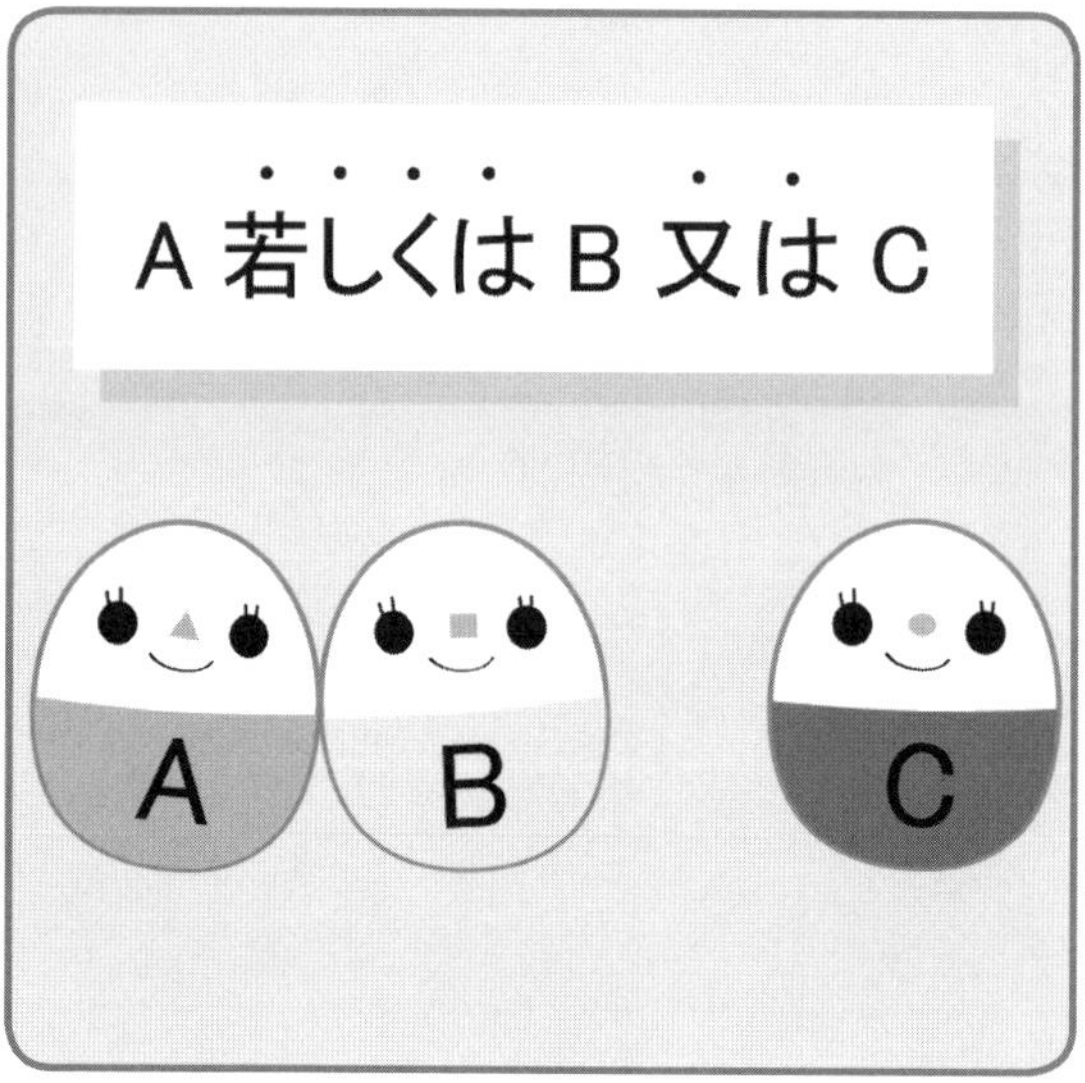

「又は」「若《も》しくは」も、契約書や法令などの堅苦しい文書に登場する独特の表現です。法令用語としての用法があり、法律や契約書を読む際に必要ですので、知識として知っておいてください。

しかし、私たちは、「又は」「若しくは」を多用すべきではありません。誰もが用法を知っているわけではないからです。

「又は」「若しくは」は、どちらも英語の〝or〟の意味です。「A又はB」としても「A若しくはB」としても、AかBかどちらか一方という意味になります。そして、要素が3つ以上あって、グルーピングが2段階になるときは、「又は」と「若しくは」を組み合わせて使います。

組み合わせた場合は、「若しくは」の方が、「又は」よりも結び付きが強いです。
次のようになります。
カッコ内がセットになっています。

◉A若しくはB又はC → （A若しくはB）又はC

【刑法230条（名誉毀損罪）】
3年以下の懲役若しくは禁錮又は50万円以下の罰金に処する。

名誉毀損罪になると、「3年以下の懲役」「3年以下の禁錮」「50万円以下の罰金」のどれかになるのですから、「又は」「若しくは」を避けると次のようになります。

3年以下の懲役、3年以下の禁錮、50万円以下の罰金のいずれかに処する。

point

「又は」「若しくは」の用法を誰もが知っているとは限らない。

長文では伝わらない

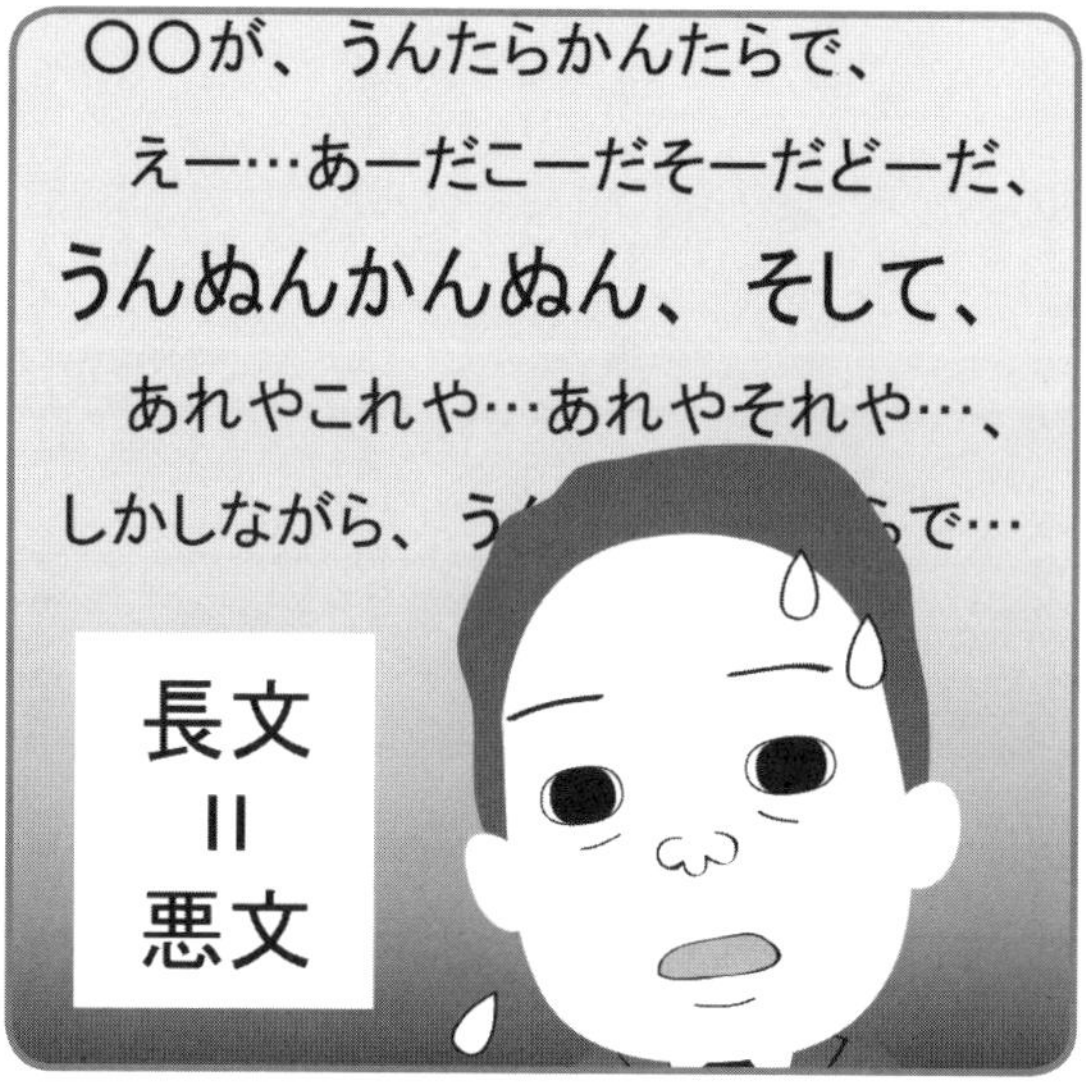
○○が、うんたらかんたらで、
えー…あーだこーだそーだどーだ、
うんぬんかんぬん、そして、
あれやこれや…あれやそれや…、
しかしながら、う
らで…
長文
＝
悪文

「長文」＝「悪文」です。長い文章は伝わりません。

朝礼での校長先生の長い話や、式典で来賓が話す長々とした挨拶に、うんざりしていませんでしたか？　長くては伝わるものも伝わりません。一つの文がパソコン画面で3行にわたるほどの長さになったら、悪文のサインです。文を2つに分けましょう。

長文になればなるほど、文意の取り違え、解釈の間違いが生じやすくなり、伝えようとしていることが正しく伝わらなくなります。論文やレポートは文学作品ではないのですから、何度も読み返さなければならないなんてナンセンスです。

長さの目安を紹介しましょう。文化庁が発行した文章の書き方（ことばシリーズ20）では、「なるべく字数で一文平均50字、文節数で一文平均15文節を超えないように注意して書くのがよい」としています。また、法人・団体によっては、目安を60字としているところや、80字としているところもあります。80字であればたっぷり2行分ですね。このくらいの長さが限度のようです。

一つの文に、複数の内容を盛り込むと長文になります。2つの文に分けるという習慣をつけましょう。

次の文は、いくつもの内容を盛り込んで長文にしてしまった例です。

「とりわけ社会の出口に近い高等学校が、初等中等教育の総仕上げを行う学校段階として、生徒に必要な資質・能力とは何かを明確にし、高等教育段階やその後の社会生活においても生かされるように、それらの資質・能力を確実に育み、生涯にわたって学び続けることの意義を生徒自身が見いだせるようにしていくことができるかどうかは、生徒自身の人生だけでなく、未来の社会の在り方に関わる大きな課題です」（186字）

文部科学省が「平成29年度文部科学白書」の中で、高等学校教育を取り巻く状況を説明した文章です。がっかりするような長文です。理解できましたか？

point
文が長くなったら、2つの文に分ける。

二重否定は悪文のしるし

使ってほしくない言い回しに、二重否定がありま す。はっきりいえない事情があるのでしょう。「なきにしもあらず」「ないとはいえない」などのあいまいな表現です。悪事を問い詰められた人の苦しい言い訳のようです。結局「ある」ということでしょう？ 二重否定で書いた文は悪文です。

二重否定を使わずに、何を言いたいのかズバリ書いてください。

「関係者以外立ち入り禁止」は「STAFF ONLY」とすれば、意味がストレートに伝わるのです。日本語で表示するのであれば、「関係者専用」でしょうか。

「18歳未満入店禁止」の意味は、「18歳に満たない者は入店できない」です。「満たない」と「入店できない」

で二重に否定しています。そのため、「17歳が入店できるのか？」がストレートに伝わりません。二重否定を使わずに、「18歳から入店可能」とか、「入店は18歳以上」と書けば、17歳の高校生は迷わずに判断できます。

《二重否定を改善した例》

◉～を除いて……しない。　↓　～だけ……する。
◉～ない時は、……しない。　↓　～の時は、……する。
◉～を除く場合は、この限りではない。　↓　～の場合は、……である。
◉～以外に……しない。　↓　～にのみ……する。

二重否定は、「否定した上に、また否定を重ねる」という表現です。カードを裏返しにして、また裏返しているようなものです。否定に否定を重ねているので、結局は肯定になります。ならば、はじめから肯定文で書いた方が、間違いありません。否定を重ねるよりも、肯定で書きましょう。

point

否定を重ねずに肯定で書くべし。

「少なくない」ではわからない

数がどのくらいあるのかわからないときにごまかす書き方が、「少なくない」です。数が多いのか少ないのか、具体的にどのくらいなのか正確にわかりません。

「少ない」と言い切る自信がないし、「多い」と言い切る自信もない。そこで「少なくない」とごまかす。書いた本人がわからないまま書いているのですから、読んでいる人にもわかるはずがありません。

伝わらない表現、「少なくない」を使ってはいけません。

ごまかす書き方はよくありません。では、どうすればいいのか？

キチンと調べてから書くのです。それが論文です。それがレポートです。それが人に見せる資料の書き方です。

しっかりと調査して、多いのか少ないのか、具体的な数量を調べましょう。統計データや調査レポートなどから数量がわかったならば、出典とともに数量を掲載します。

事例が見つかったならば、同様に出典とともに事例を記載します。裏付けに基づいて書くのですから、多いとか少ないとかのあいまいな表現をする必要もなくなります。

point
多いのか少ないのか調べてから書くべし。

程度を表す表現に注意せよ

正しく伝えるためには、曖昧な表現を避けて、客観的に書かなくてはなりません。そのために数値での裏付けや、根拠が必要になります。

「増えた」「減った」は、どのくらい増えたのか、どのくらい減ったのかがわかるように書きましょう。

「多い」「少ない」は、どのくらい多いのか、どのくらい少ないのかがわかるように書きましょう。

つまり、程度を具体的な数値で裏付けるのです。

《数値での裏付けや根拠が必要な表現》

◉ずいぶん　◉かなり　◉少し
◉ほとんど　◉わずか　◉大部分
◉増えた　◉減った

◉多い　　　　◉少ない　　　◉多少
◉早い　　　　◉遅い
◉ある程度の　◉一定の

具体的に示しているようでいて、実は明確には伝わらない数値表現があります。それは、「若干名」とか、「数人」という表現です。

若干とは、それほど多くない数量を表しています。「干」の字を一と十に分解して、「一の若《ごと》く、十の若し」という意味なのです。しいて言えば一桁の数字ということなのでしょう。だとしても、はっきりしないので、論文やレポートには不向きです。

「数人」「数日」「数時間」も曖昧な表現です。数《すう》は、3〜4だったり、5〜6だったり、まったく定まっていません。受け取る人によっても解釈が異なります。

程度を表す表現には注意しましょう。

point
「どのくらいなのか」を数値で裏付ける。

読点の位置で緩急をつけろ

女は泣きながら、 逃げる男を追いかけた。
女は、 泣きながら逃げる男を追いかけた。

「だけど、心なんて」（P42）で段落の区切りについて説明しました。そして、「長文では伝わらない」（P92）で文章の区切りを述べました。今度は、文の中の文節の区切りをマスターしましょう。

読点「、」を入れる位置には、文法上の定まった決まりがありません。文の意味を理解しやすい位置に読点「、」を入れるのです。文節のすべてに「、」があるとうるさくなってしまいますから、「ここで区切って読むと文を理解しやすい」という場所に入れるのです。歌で言えば息継ぎのような場所です。

もし朗読したとしたら、「ここでちょっと間があるとわかりやすい」という場所に入れるのです。

次の場所が読点を入れる目安になります。

- ◉主語の後
- ◉並列関係の語句の区切り
- ◉接続詞の後
- ◉修飾関係を明確にするため
- ◉挿入句の前後

また、適切な位置に読点「、」があると、読み間違いを防ぐことができます。読点の位置で文の解釈が変わるのです。

《泣いたのは誰？》

- ◉女は、泣きながら逃げる男を追いかけた。
- ◉女は泣きながら、逃げる男を追いかけた。

point

読点「、」で読み間違いを防ぐ。

図表・グラフに頼らない

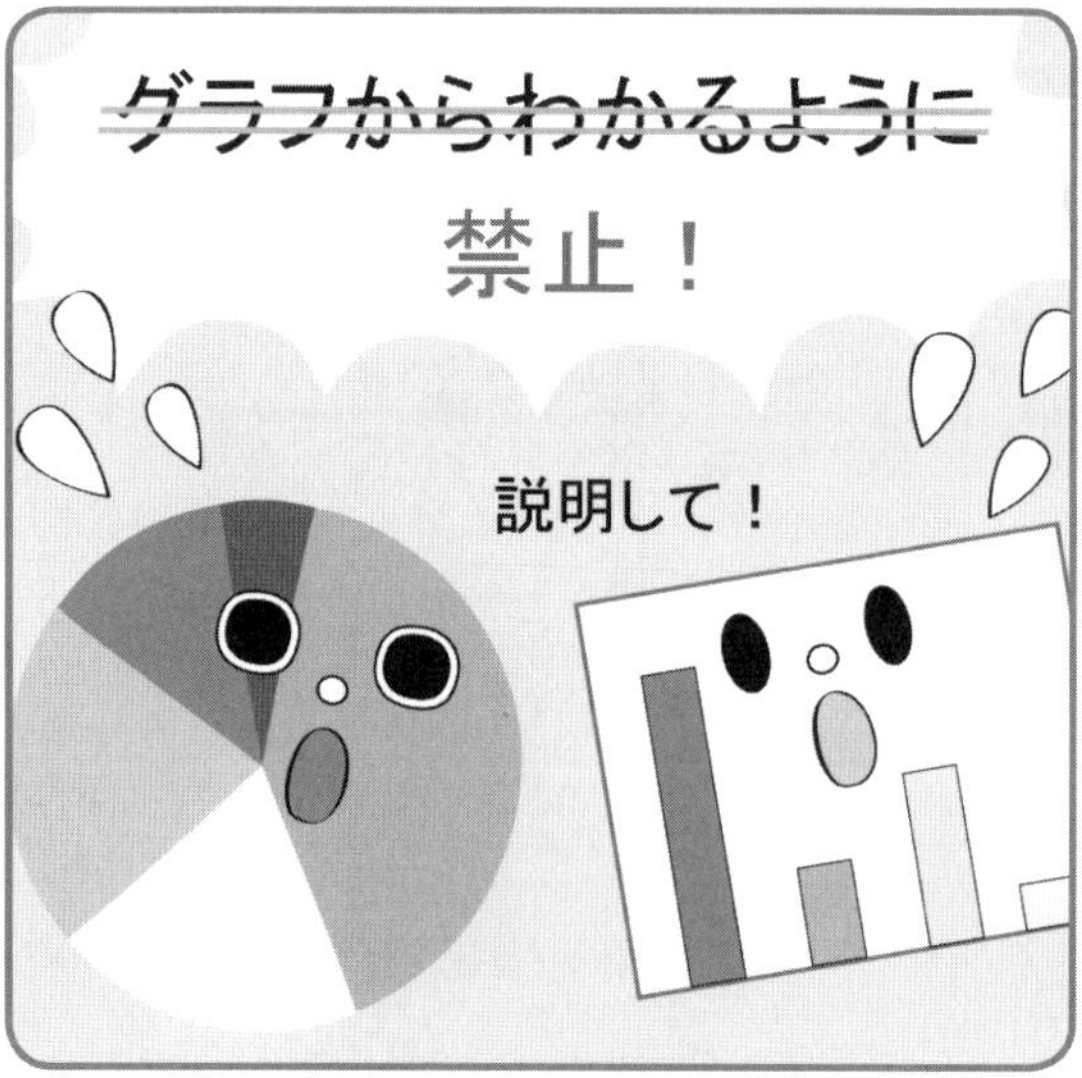

言葉で説明するのが面倒で、「グラフからわかるように」と書いてしまう。こんな手抜きをしてはいけません。図表・グラフを見なくても、本文だけで理解できるように文章で説明しましょう。

つまり、本文の中で図表・グラフの具体的な項目や数値をあげながら、変化や特徴、傾向などを言葉で説明するのです。

図表・グラフに頼って、説明を怠ってはいけません。図表・グラフが見えていることを前提にせず、視覚障害者の人が点字で読むことをイメージするとよいでしょう。

本文の文章だけで内容が伝わるように書くのです。

図表・グラフを説明した文章の末尾に、（表1）として図表番号を記載すれば、よりわかりやすくなります。

《使わない表現、避けたい表現》

◉グラフ（図表）からわかるように
◉グラフ（図表）を見ると
◉グラフ（図表）によると
◉～はグラフ（図表）のようになる

その図表・グラフで何をいいたいのですか？　掲載するからには目的があったはずです。その目的を果たすように、伝えたかったことをしっかりと文字で表現しましょう。

point

図表・グラフの内容を本文の中でしっかり説明する。

前のページで何を述べた？

すでに前のページに書いてあるので、それを見てくれとばかりに、「すでに述べた通り」と書いた文に出合うことがあります。「すでに述べた」といわれても前のページを見ないと確認できません。前のページでどのように述べたのかを、しっかりと書くべきです。

「前のページに戻って確認しろ」というのは、読んでいる人に対して失礼な表現だということに、気が付いてください。前のページに書いてあるのならば、前のページにどのように書いてあるのかをわかるように書く必要があります。

読み返すことなく、前から順に読んでいけば無理なく理解できるように書かなければなりません。

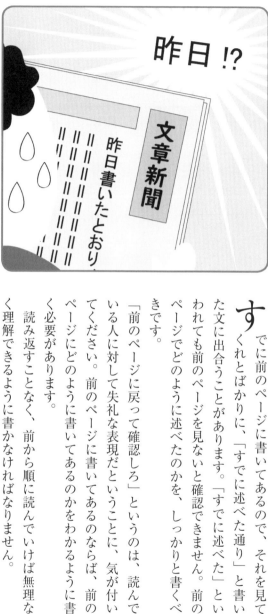

《使わない表現、避けたい表現》
◉すでに述べた通り
◉前述したように
◉～の項で述べたように
◉前掲の通り

これまでの内容を覚えていて当たり前だと言わんばかりの連絡文や通知文があります。

「すでに過日の会議で決定した通り……」という高飛車な表現です。この連絡文だけでは内容が完結していません。

「○月○日の会議で、……と決定しました。これに基づき～」

とする心遣いが必要です。

point

前のページを確認させるべからず。

前者、後者ってなんのこと？

前者、後者は、読み返しを強要する表現です。2つのことを挙げた後に「先に言った方」「後で言った方」と述べているのと同じですから、前にある文をもう一度読んで、内容を確認しなければなりません。

読んでいる人に余計な負担をかけることになります。わかりやすい文章にするのならば、前者、後者を使うべきではありません。指している語句をはっきりと書きましょう。

AとBがある。前者は……。後者は……。

↓

AとBがある。Aは……。Bは……。

《文学作品に使われた前者・後者の例》

本間さんは当惑した。自分はどちらを信ずればよいのであろう。万人に正確だと認められている無数の史料か、あるいは今見て来た魁偉《かいい》な老紳士か。前者を疑うのが自分の頭を疑うのなら、後者を疑うのは自分の眼を疑うのである。本間さんが当惑したのは、少しも偶然ではない。

『西郷隆盛』芥川龍之介（1892年3月1日〜1927年7月24日）から抜粋

前者って何？　後者って何？　と読み返さなければなりません。前の文を読み返して初めて前者は「万人に正確だと認められている無数の史料」で、後者は「今見て来た魁偉《かいい》な老紳士」だということが確認できます。

『西郷隆盛』は文学作品ですから、読者はじっくりと吟味しながら、何度も読み返せばよいのです。でも、論文やレポートは文学作品ではありません。一度で理解できない文は、悪文と思って間違いありません。前者、後者ではなく、具体的に書きましょう。

point

前者、後者ではなく、具体的に書く。

COLUMN

コラム❷
30年後の英語

２００８年度から小学校で英語教育が始まりました。そして、２０２０年度には小学3年生から必須化されます。私には、「国際的な人材＝英会話」という短絡的な発想が文部科学省にあるように思えてなりません。英語が大切であることは否定しません。英語を身に付ければ、可能性が広がるでしょう。早期から英語を学ばせれば、英語力が向上するのは当たり前です。だから、小学生から英語、という論理です。でも、学ぶべき教科は英語だけではありません。国語、算数、理科、社会など、どの教科も重要です。そして、教育現場での学習時間は無限ではありません。英語が重要だというのと同様に、他の教科も重要なのです。

文部科学省は、公式サイト上で英語教育改革をこんなふうに述べています。

「今は英語を日常的に使用する機会は限られているが、２０５０年頃には機会が格段に増えることが想定される……」と、30年後に備えた教育であることを強調しています。

30年後には、音声認識技術とＡＩ（人工知能）を使った多言語対応の自動翻訳が普及しています。すでにテレビＣＭでは見事に翻訳する製品が紹介されているではありませんか。

文部科学省には教育現場に来て現実を見てもらいたい。新聞を朗読できない、漢字を読めない、日本語の文章を書けない。そんな日本人をたくさん見ることができます。

第❺章

品質の高い文を書く

さすがと言われるために

あなたの文章は、第２章で日本語として間違いのない文になり、第３章で誤解を与えない文になりました。そして、第４章でわかりやすい文になりました。

ここまで改善できたら、次の段階は、文の品質を上げることです。決して、難しい文にするとか、カッコいい文にするということではありません。品格のある文にするのです。

ほんのひと工夫するだけで文章の品格がワンランク上がります。人間でも所作が美しいと、中身はともかく上品に見えます。人の見た目の印象は重要ですが、文章も同じです。

品格のある文は、論文やレポートの価値を高めます。見た目をよくしましょう。

「私」の存在を消す

論文やレポートには一人称は登場しません。「私は」とか、「私たちは」という主語は現れません。客観的に正確に書かなくてはならないからです。私の存在を消しましょう。

読書感想文ならば、「私がどう思ったのか」「どう感じたのか」「どう考えたのか」を書くことになります。従って、「思った」「感じた」「考えた」という表現が使われるでしょう。それらの主語は「私」です。

ところが、論文やレポートでは、主語が「私」になるような、「思った」「感じた」「考えた」という述語は使いません。

論文やレポートでは、「私」を登場させずに、「私」の考えを客観的な事実や引用で裏付けて述べるのです。

そもそも本人が考察しているのですから、発想やアイデアのスタートが本人であることは明らかです。その発想やアイデアを、第三者が納得するように裏付けとともに述べるのです。

一人称が登場しないという原則は、一人称複数であっても同様です。「と我々《われわれ》は考える」という表現も使えません。この原則は新聞記事と同じです。新聞記事では署名入りの記事であっても、文章には一人称の主語や述語が登場しません。客観的に書いているからです。

《使わない表現の例（一人称の主語、述語）》

◉私は　◉自分は　◉私たちは　◉我々は

◉～と思う。　◉～と考える。　◉～と推測する。

point

一人称を使うべからず。

「を行う」を一掃せよ

「名詞を動詞化する」という技を覚えましょう。動詞化するだけで文章がぐっとスリムになります。方法は、「を行う」という言い回しを、「する」に変えるだけです。

「調査を行う」「検討を行う」「分析を行う」などは、余計な「行う」をぶら下げた表現で、人間で言えば余計なぜい肉が付いている状態です。「行う」を取れば、文章がスッキリとスリムになります。「調査する」「検討する」「分析する」とすればよいのです。

「行う」は文章のぜい肉です。ぜい肉があっても命に別条はありませんが、余計なものはない方がいい。「行う」のぜい肉を落としましょう。デトックスされて文が美人になります。

《名詞を動詞化した例》

◉調査を行う　→　調査する
◉検討を行う　→　検討する
◉分析を行う　→　分析する
◉比較を行う　→　比較する
◉研究を行う　→　研究する
◉考察を行う　→　考察する
◉実験を行う　→　実験する

ダブルでぜい肉が付いた、「〇〇を行うこととする」という表現もあります。法令や契約書に見られる表現です。この「を行うこととする」も「をする」にダイエットできます。

◉調査を行うこととする　→　調査する

point

「を行う」を「する」に変える。

「〜に対して」を見なおしてみる

「に対して」も文章のぜい肉になっていることがあります。試しに「〜に対して」を「〜に」に変えてみましょう。

文として支障がないのなら、「〜に」の方がシンプルになって伝わるようになります。「なんだ『に』でよかったんじゃないか!」と気が付けば、あなたの文章力がまた一つステップアップします。

ほとんどの「に対して」は、「〜に」に書き換えることができます。しかし、「〜を」の方が適切なケースもあります。「ライバルに対して論破する」「敵国に対して攻撃する」などの場合です。いずれにしても「に対して」は、ぜい肉のようです。

《「～に対して」を改善した例》

◉会社に対して申請する　↓　会社に申請する
◉店に対して文句を言う　↓　店に文句を言う
◉質問に対して回答する　↓　質問に回答する
◉株主に対して陳謝する　↓　株主に陳謝する

「～に対して」と似たような用語に、「～につき」があります。「～につき」も、「～に」「～が」「～で」に書き換えることができます。

《「～につき」を改善した例》

◉「一家族につき1個です」　↓　「一家族に1個です」
◉「100ポイントにつき1円です」　↓　「100ポイントが1円です」
◉「100ポイントにつき1円になります」　↓　「100ポイントで1円です」

point
「～に対して」を「～に」に変える。

「〜をもって」は必要ですか？

文章のぜい肉をそぎ落とすと、シンプルセンテンスになります。「をもって」も文章のぜい肉の一つです。見つけたら書き換えましょう。「をもって」は、もったいぶった言い回しです。偉そうな雰囲気が漂っていますね。硬く改まった印象を与えようとして使われます。

×確認ボタンのクリックをもって申し込み完了とする。

↓

○確認ボタンのクリックで申し込み完了です。

「をもって」は「で」で十分です。「で」に書き換えても支障がなかったら、「をもって」を捨てましょう。正確に正しく伝えようとしたときに、偉そうにいう必要はありません。

時々、目的語を強調する用法で使われる「をもって」があります。この場合は「を」だけで表現できます。

×子午線をもって基準としていた。

↓

○子午線を基準としていた。

「をもって」を削除できない例は、ないと思って間違いありません。もしも、「で」や「を」に書き換えられない文があったとしたら、「緊張感をもって仕事しろ」とか、「自信をもって発表する」のように、「持って」の意味になっているはずです。

point

「をもって」を「で」「を」に変える。

又聞きの表現に要注意

論文やレポートを、人ごとのように書いてはいけません。見聞や推測にもとづく記述は、客観性に欠けます。事実を調べて、具体的な根拠に基づいて述べる。それが論文やレポートです。

「という」と書くのならば、「誰がそういっているのか」「どこにそう書いてあるのか」を明らかにする必要があります。根拠を示さなければ、「勝手にでっち上げたものだろう！」と言われても反論できません。

又聞きや推測で述べた文は、フェイクニュースと同類になってしまいます。

「聞いた話ですが、首相官邸に宇宙人が表敬訪問しました」

などというＮＨＫニュースはあり得ません。

無責任な又聞き表現はアウトです。

《使わない表現、避けたい表現（又聞きの表現）》

◉〜という
◉〜らしい
◉〜のようである
◉〜といわれている

又聞きの表現とともに気を付けたいのは、孫引き引用です。孫引き引用は、「孫引き」、又は「孫引用」ともいわれます。文献の中で引用されている部分を、そのまま自分も引用する行為が孫引き引用です。自分も引用したいときには、原典にあたることが原則です。もしも、原典が絶版や、入手困難な状況にある場合はやむを得ませんので、掲載していた文献を挙げて「〇〇によると」と紹介します。

point

根拠に基づいて客観的に書く。

「が」でつなげずに分けてみる

「が」は、2つの文章をつなぐときに便利な接続助詞です。「〜であるが、……である」のように、「が」を使えば、ほとんどの文はつながります。「が」は、前後の文が逆説の関係でも、順接の関係でも接続させることができる万能接着剤です。それだけに安易に使うと文が長くなります。原則として、「が」の使用をやめるようにしましょう。

◉逆接の例
「今日は晴れたが、明日は雨らしい」
◉順接の例
「今日は晴れたが、明日も晴れらしい」

「が」は2つの文を簡単に連結してしまうので、文が長くなってしまいます。そこで、「が」で文を続けたくなった場合は、いったん文を切り、つなげずに次の文を書いて、一つひとつの独立した文にするのです。文の流れを作る必要があるのなら、「しかし」とか、「そして」「また」を使えば、一文一文を刻みながら伝えることになり、わかりやすくなります。

《接続助詞「が」を避ける例》

◉～しているが、……である。

↓

◉～している。そして、……である。
◉～している。従って、……である。
◉～している。しかし、……である。
◉～している。一方、……である。
◉～している。また、……である。

point

「が」を分けた方がよい場合がある。

「より」と「から」の使い分け

ドラマを見ていると、贈り物にメッセージカードが添えられていることがあります。

「母より」。

このメモによって、「母からのプレゼント」であることがわかります。この場面で使われた「より」は起点を表していて、母が起点になっています。

また、仮に現金が置かれていて、「愛より金」と書き添えられていたらどうでしょう？

この場面で使われた「より」は、「愛と金との比較」を表しています。

日常の中では、「より」を起点の意味で使ったり、比較の意味で使ったりしています。

しかし、レポートや論文では、「より」を起点ではなく比較の意味で使うようにしましょう。「より」は比較を表すので、「花より団子」のように使います。

そして、起点には「から」を使います。

「から」を〝from〟の意味で使うのです。従って、イベントの開始時刻を「午前10時より」と知らせる案内文は好ましくありません。「午前10時から」とすべきです。

ジェームズ・ボンドが活躍する、007シリーズの映画に、『007ロシアより愛をこめて』というタイトルがあります。原作小説の邦題は当初、『007ロシアから愛をこめて』でした。

原題は「From Russia, With Love」なのです。「より」なのか「から」なのかというと、〝From〟ですから、「ロシアから」の方が相応《ふさわ》しいのではないでしょうか。

point

「より」は比較を表し、「から」は起点を表す。

「〜において」を避けてフランクに

スーパーにおいて
買い求められた豆腐です
エッヘン
木綿
スーパーで買われた豆腐でしょ

カッコつけた文や偉そうな文、かしこまった文に出てくる言い回しが、「において」です。「において」で場所、時、状況を表します。「〜で」や「〜に」と書ける場面は、「〜において」と書いたりせずに、できる限り「〜で」や「〜に」を使いましょう。

× 会議室において役員会を行います。（場所）
↓
○ 会議室で役員会を行います。

× 4月1日において新元号を発表します。（時）
↓
○ 4月1日に新元号を発表します。

国税庁のホームページには、次のようなタイトルが付いていました。

×平成30年分の確定申告においてご留意していただきたい事項（状況）

↓

○平成30年分の確定申告での留意点

「において」は改まって構えた印象を相手に与えます。だから、論文のタイトルには、「○○における」という表現がよく使われるのです。論文タイトルの格調を高くする効果があるからです。論文以外の資料でも表題に、「における」がよく使われます。ちょっと構えた資料だという印象を与えるためです。

タイトルは論文やレポートの顔ですし、表札のようなものですから、ちょっと構えた表現はやむを得ないかもしれません。でも、本文の中では、「において」や「における」を避けたいものです。「に」や「で」に言い換えられないかを検討しましょう。

point

「～において」ではなく「に」や「で」を使う。

「〜について」をシンプルに

シンプルセンテンスを意識して書いていると、文の中にある「について」という言い回しが気になることがあります。もし、気になったら、「シンプルセンテンスを書こうとする意識」が身に付いてきた証拠です。実は、「について」という表現も文のぜい肉であることが多いのです。

◉提出期限について連絡します。

↓

◉提出期限を連絡します。

「提出期限について連絡します」は、「提出期限を連絡します」でいいのです。目的語を「を」で示すと明確になるのです。

気になった「について」を、「を」に書き換えてみましょう。問題なく文が成立するのなら、「について」の部分はぜい肉だったのです。

一般的に「について」を、「を」に書き換えるとシンプルな文になります。目的語を示していることが多いからです。目的語であるならば、「を」が最適です。ただ、すべてのケースで「について」が目的語に使われているとは限らないので、「を」に変えて文が変になる場合は元に戻しましょう。

また、「○○について」は、漠然と○○を表していることもあります。そんなときは、○○を具体的に書けば、「を」になります。

《「について」を改善した例》
◉提出について説明します。
↓
◉提出の期限と方法を説明します。

point
「について」ではなく「を」を使う。

主観的な表現 感覚的な表現

論文やレポートには客観性が求められます。そのため、主観的な表現や感覚的な表現を避けなければなりません。

「そんなこと当たり前だ」と言っている学生に限って、主観的な表現や感覚的な表現を使っています。指摘されないと気が付かないものなのです。

どのような表現が主観的なのか、または感覚的なのか、実はわかっていないことも多いようです。

それもそのはず、日常会話やSNSへの投稿で使われる言葉は、情感あふれる話し言葉です。いきなり「書き言葉で書け、客観的に書け」と言われて戸惑うのは無理もありません。

《使わない表現、避けたい表現》

〈主観的な表現〉

◉〜てしまう　◉当然〜　◉普通は　◉せっかく　◉考えてみれば

◉たぶん　◉これこそ　◉まさに　◉もはや　◉確かに　◉きっと

〈感覚的な表現〉

◉あまりにも　◉とても　◉かなり　◉たったの　◉いとも簡単に　◉やっと

◉ようやく　◉ついに　◉わずか　◉それほど

〈先入観の表現〉

◉意外にも　◉意外と　◉驚くことに　◉予想通り　◉予想に反して　◉予想以上に

◉思った通り　◉〜しかない　◉〜も

point

主観的な表現、感覚的な表現を使わない。

話し言葉をよく知っておく

「話し言葉ではなく、書き言葉で書きましょう」と言われても、当たり前すぎて「そうですね……」としか言えないかもしれません。本人も書き言葉で書くべきだとわかっているのに、論文やレポートに話し言葉が混じっている。

なぜかというと、わかっている「つもり」だからです。話し言葉と書き言葉の違いが、実はわかっていないのです。

学校で口語体と文語体について学んだと思います。話し言葉と書き言葉です。話し言葉は、文としては間違いではないし、誤解釈されることもない。でも、論文やレポートの品格を下げてしまいます。

また、話し言葉と書き言葉の中間くらいにあるのが、雑誌的な表現です。雑誌では臨場感のある表現や感情を込めた表現、扇動する表現が使われています。雑誌的な表現も論文やレポートでは使いません。

《使わない表現、避けたい表現（話し言葉）》

◉なるべく　◉○○とか　◉やはり　◉何といっても　◉○○といっても　◉○○といえば
◉○○というと　◉○○といった具合に　◉必ずといっていいほど　◉○○なので
◉○○みたいに　◉○○といった　◉○○してくれる　◉ちょっとした　◉○○なのに
◉ずっと　◉それなのに　◉それこそ　◉わざわざ　◉どんどん　◉○○してしまっている
◉だんだん　◉なかなか　◉そもそも　◉そこそこ　◉大して　◉たくさん　◉ものすごい
◉すさまじい　◉すると　◉まさか　◉きちんと　◉ひたすら　◉これだけ○○なのだから
◉○○というわけではない　◉○○よりはまし　◉もちろん　◉さも○○のように

出典：佐藤佳弘「社会情報学のための論文文章表現」社会情報学会誌 第19巻2号、２００７年9月30日、63頁から作成

point

話し言葉や雑誌的な表現を使わない。

目的語をしっかりチェック

日本語は流動的で時とともに変化しています。

例えば、「全然、問題ない」という具合に、「全然」を受ける語句は否定語が決まりでした。ところが、現代の会話では「全然、平気」と肯定文が受けています。

日本語の乱れに目くじらを立てると、「頭が固い」と言われそうです。でも、あえて言わせてもらいます。

レポートや論文を評価しているのは、頭の固いベテラン世代なのですから、昔ながらの正しい文法で書いてもらいたいのです。

また、論文やレポートでは、目的語を明確にするために、「を」を使用してもらいたいと思います。

《目的語を明確にした例》

●データが分析可能である。

●データは分析可能である。

←

●データを分析可能である。

「データ『を』分析可能」なのです。

会話では「パンケーキが食べたい」と言いますよね？　頭の固いおじさんには気になる表現です。

キチンと、正確に、「パンケーキを食べたい」と言ってほしいのです。

point

「を」で目的語を明確にする。

過去の出来事も現在形が原則

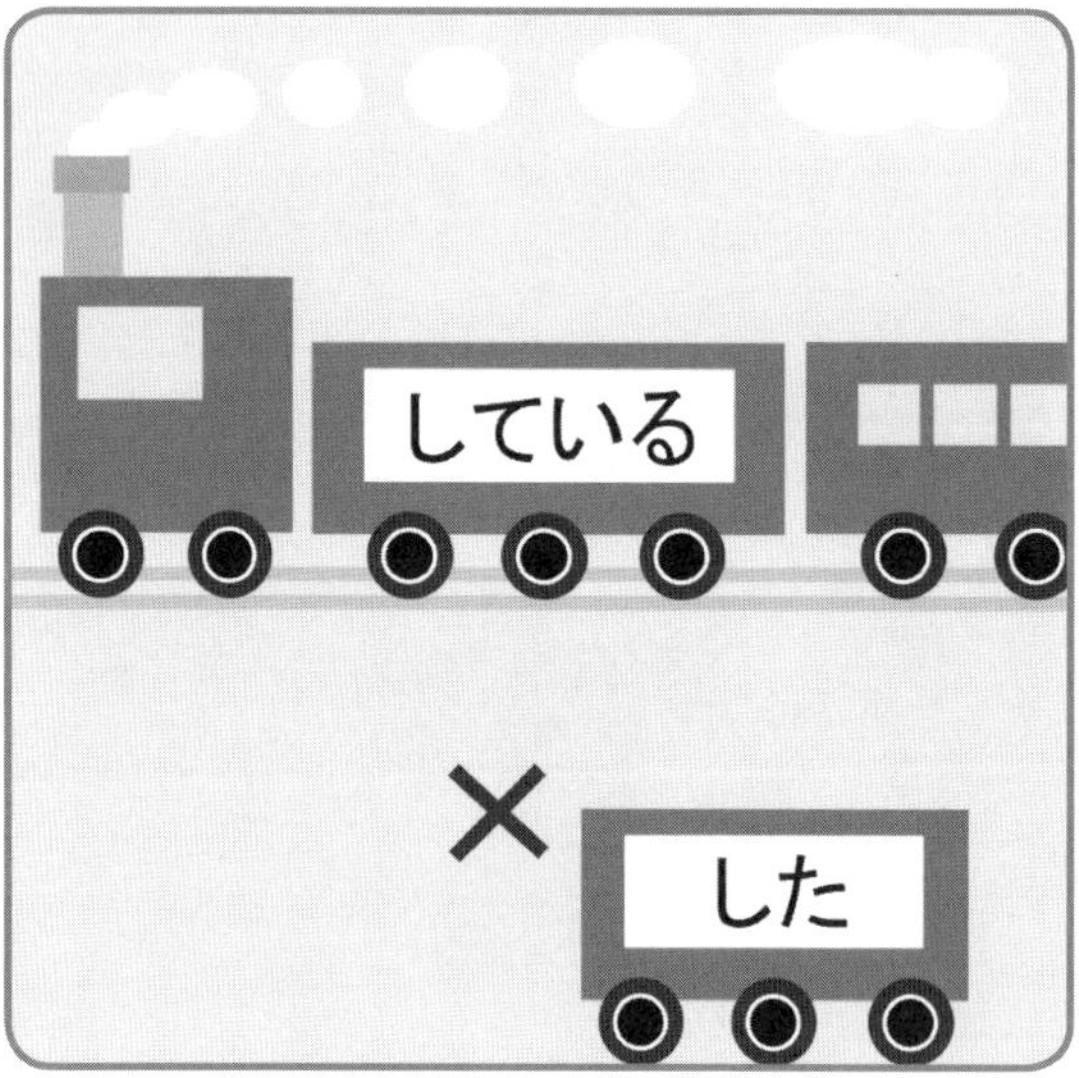

レポートや論文では、過去の出来事であっても、「した」ではなく、原則として「している」と表現します。「なぜ?」と問われると合理的な理由を説明することは難しいのですが、時制の表現には、明確なルールは存在していないからです。そのため、論文の書き方では、動詞の時制が議論になることがあります。また、分野によっても流儀が異なるようです。

原則として、現在形で書きましょう。慣例だからというしかありません。ただ、実験系の論文では、「得られた結果や成果は、過去形で記述する」としている団体もあります。

「〜した」「〜だった」と過去形を連発すると、文章が幼稚な印象を与えます。論文らしく、レポートらしくするためには、現在形で書くとよいでしょう。

《現在形に改善した例》

◉○○年に合併した　→　○○年に合併している
◉○○が市長であった　→　○○が市長である
◉人口に変化は見られなかった　→　人口に変化は見られない
◉○○に登場した　→　○○に登場している

point

原則として、現在形で書く。

作業叙述を避け結果を書く

調査したかもしれない、比較したかもしれない、でも、いちいち「考察した」「整理した」「調査した」と作業を説明する必要はありません。作業した結果として「〜は……である」と記述しましょう。

結果の説明には、根拠を示すことも必要です。第三者が結果までのプロセスを検証できるように、整理の方法や調査の方法を裏付けとして述べましょう。

また、論文やレポートでは、「考えた」を使いません。あなたが考えるのは自由です。そもそも、論文やレポートは考えて書くものです。考えなければ書けません。あなたが考えたということはわかっています。しかし、あなたが考えた結果であったとしても、自分の独り善《よ》がりではないことを示すのです。

そのために裏付けを述べたり、引用したりして、自分の考えが正しいことを示すのです。

その時に、あなたがどんな作業をしたのかを叙述する必要はありません。「作業叙述的な表現」といいます。「～であることがわかる」や、「～であることがわかった」は、「～である」とします。

「わかる」や「わかった」などの表現は、一人称です。

「～を調べてみると……」と説明した文があったとします。主語を考えてみれば、すぐわかります。

主語は私であり、一人称です。調べたか否かを述べる必要はなく、調べた結果を「～によると……」というふうに客観的に書くのです。

《避けたい表現の例（○○した）》
◉～を考察した　→　考察した結果を記述すればよい
◉～を整理した　→　整理した結果を記述すればよい
◉～を調査した　→　調査した結果を記述すればよい

point
作業をいちいち説明しない。

結果を言い切る

自分が考察している当事者なのだから、「～となっている」と人ごとのように書くことはやめましょう。自分が考察した結果であるならば、「～である」と言い切ることが好ましい表現です。

《使わない表現、避けたい表現の例》
◉～となっている　→　～である
◉～ということである　→　～である

「わかった」とか、「明らかになった」などをいちいち説明する必要はありません。わかったことや明らかになったことを、結果として「～である」と書くのです。

《使わない表現、避けたい表現の例》
◉～ということがわかった　↓　～である
◉～であることがわかる　↓　～である
◉～であることが明らかになった　↓　～である

どうしても自信を持って「である」と言い切れない場合は、しっかりと調べて考察しましょう。それでも明確な結果を得られないのであればやむを得ません。逃げの表現を紹介しましょう。こんなふうに表現すれば、ごまかすことができます。

《言い切れない場合の表現の例》
◉～であることは否定できない
◉～であることは否めない
◉～が課題として残されている

point

考察結果を「～である」と言い切る。

疑問形を一掃してステップアップ

文書らしくする書き方のコツがあります。そのコツは、「疑問形を使わない」という書き方です。なぜ使わないのかを説明します。

今、疑問形で「なぜ使わないのか」と書きました。この部分を疑問形ではなく、「使わない理由を」といった表現にするのです。すると「使わない理由を説明します」となり、文書らしくなります。

疑問形で書くと、口語体になって親しみやすくなります。逆に疑問形をやめると、少し襟を正した感じになり、文章の格調が高くなります。

《疑問形を避けて書いた例》

◉なぜ、～なのか　→　～する理由は

◉～とどう違うのか　↓　～との相違点は
◉～とどう関係しているのか　↓　～との関係性は
◉いつ～するのか　↓　～する時期は
◉どのように～するのか　↓　～する方法は

疑問形で表現したほうが平易な文になり、日常での話し言葉に近くなります。これに対して、疑問形を用いずに書くと、文章が話し言葉から書き言葉に変わります。

疑問形を使わずに書くというコツを、今日からさっそく使ってみましょう。あなたの文章が確実にステップアップします。

point

疑問形を使わず、文書らしくする。

能動態&肯定形

「する」と「される」とでは、文章の力が大きく違います。「する」は能動態の表現で、「される」は受動態の表現です。「能動態の文章は受動態に比べて説得力が増す」という効果を利用しましょう。

論文やレポートでは、同じ内容を伝えるのであれば、能動態を使いましょう。誰が主体なのかわからないような受動態では、主張が弱くなります。

◉受動態よりも能動態

「人々のコミュニケーションは、スマホに活発化される」

←

「スマホは人々のコミュニケーションを活発にする」

もう一つ意識するとよい書き方は、否定形ではなく肯定形で書くという表現です。ポジティブで前向きの印象になります。また、肯定形と否定形がある場合は、肯定形を先に書くとよいです。

◉否定形よりも肯定形

「変更申請は、４月１日以降は受け付けません」

↓

「変更申請は、３月31日までに提出してください」

◉肯定表現を先に書く

「削除はできません。ただし、変更は可能です」

↓

「変更は可能です。ただし、削除はできません」

point

できる限り能動態、肯定形で書く。

タイトルにセオリーあり

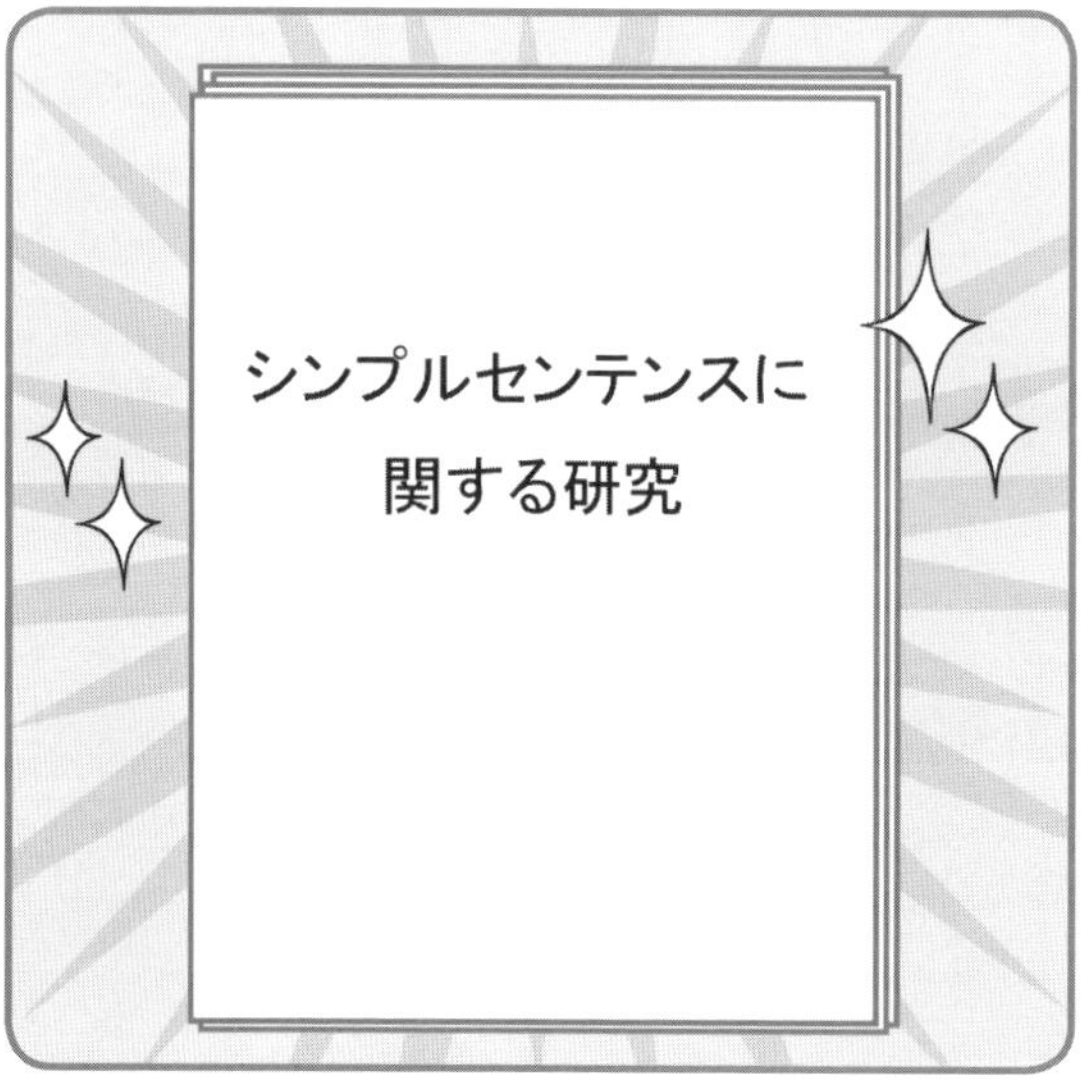

論文のタイトルの付け方にはセオリーがあります。「あなたは何を研究したのか？」。その「何を」をそのままタイトルにするのです。

「○○に関する研究」が最もシンプルな基本パターンです。タイトルに研究と入れることで、研究論文であることが明確になります。

「○○」だけだと範囲が広すぎる場合は、言葉を付け加えて、少しずつ詳しくしていきます。すると「△△の○○に関する研究」となります。そして、さらに条件を付け加えて、「□□における△△の○○に関する研究」とすることができます。このパターンに当てはめれば、適切な論文タイトルを作ることができます。

レポートのタイトルの場合はどうでしょうか? 調べて、まとめて、考察したレポートは、研究論文とは異なります。「に関する研究」の部分を省けば、レポートのタイトルになります。

つまり、「○○」「△△の○○」「□□における△△の○○」がレポートでのタイトルになります。タイトルに、「~について」を付け加えてもよいでしょう。

プレゼンテーションのタイトルは、何を発表するのかが伝わるようにします。研究論文の発表ならば、論文のタイトルをプレゼンのタイトルにします。レポートの発表ならば、レポートのタイトルをプレゼンのタイトルにします。プレゼンの場合は、サブタイトルが非常に重要です。「ひと言で言えば何なのか?」「聞き手にどうしてほしいのか?」をサブタイトルで伝えるのです。ただし、ここで注意していただきたいのは、「映画や書籍のようなフレーズのマネをしてはいけない」ということです。カッコいいフレーズや、キャッチーな印象的なフレーズは不要です。

point

「○○に関する研究」が基本のパターン。

構成は起承転結で

つまらない4コママンガでも、コマの順番を入れ替えただけで、面白いストーリーになることがあります。「同じ内容なのに、構成の仕方でこんなに違うのか！」と驚かされます。

語るときの表現力はもちろん重要ですが、語る順番も重要なのです。効果的に伝えるために内容を、《起》「現状」、《承》「問題意識」、《転》「取り組み」、《結》「結論」の4つに分けて考えます。「起承転結」で流れができるのです。

《起》「現状」では、具体的に現状を書きます。過去から現在までをヒモ解いてもいいでしょう。ここでは具体的に述べることが最も重要です。いきなり抽象的な話をすると、読者は一気に興味を失います。

←《承》「問題意識」では、現状から導き出される問題を述べます。何が問題なのかを伝えます。問題があるからこそ、次への展開につながるのです。

←《転》「取り組み」では、問題意識を受けて、「だから、どうするのか？」「だから、どうなのか？」を論じます。裏付けや根拠が重要になります。しっかりと調べて進めましょう。

←《結》「結論」を述べます。成果である結論の説得力は、《転》での展開にかかっています。残されている課題にも触れておくとよいでしょう。


文章をシンプルセンテンスにするとわかりやすくなります。同様に構成もシンプルにすると伝わるようになります。

point

《起》「現状」、《承》「問題意識」、《転》「取り組み」、《結》「結論」。

あとがき

本書を執筆していて、私は不思議な気持ちになりました。学生時代に国語を嫌っていた私が、文章の書き方の本を書いているのです。小中学校の時には、作文が大の苦手でした。特に、読書感想文を書く課題が大嫌いでした。「本を読んで面白かったのだから『面白い』でいいじゃないか。なぜ、ああだこうだと理屈をつけて書かなくちゃいけないんだ」と反抗していました。こんな生徒ですから、国語の授業や国語の勉強を楽しいと感じたことは、一度もありませんでした。

大学受験では苦労しました。入試科目には、国語（現代文、古文、漢文）があります。当然、苦手科目です。受験のためにやむを得ず、古文の活用や文学作品の作者名を無理やり暗記しました。まるで嫌いな食材を我慢して丸飲みしているようなものです。私にとって国語は、できる限り避けてきた科目だったのです。

学校を卒業すると状況が一変しました。嫌いだとか苦手だとかいっている場合ではなくなったのです。私は理系でしたので、ＩＴ系の会社に就職し、システムエンジニアになりました。そうしたところ、担当したお客様のためにさまざまな資料を作成することになりました。納品しているシステムの機能を説明した資料や操作を説明した資料などです。専門知識のないお客様のために作成しました。わかりやすい文章を作成する訓練がこの時から始まっていたようです。

その後、私は転職して、高校の教員になりました。今度は、高校生のために教材を作ることになりました。教材プリントです。生徒がわかる文章でなければ意味がありません。そして、縁があって大学の教員になりました。大学では学生に論文やレポートを指導する立場です。多くの学生たちの迷文を見てきました。同時に学会の査読委員にもなり、学会論文誌への投稿論文を審査する機会にも恵まれました。私は、学校を卒業してから、実務の中で文書作成を学んできたように思います。

自分が受けてきた学校教育を振り返ってみると、文章の書き方をまともに教わった覚えがありません。ましてや、正しく正確に伝わる文章の書き方など、授業で学んだこともありません。社会に出てから、実務を通して習得してきました。もしも、私が意識していなければ、文書作成の知識は身に付かなかったかもしれません。意識しなければならない状況にあったことが幸いしたようです。

文書作成力は社会生活において基礎的な重要能力でありながら、教育機関では教えていません。社会に出る前に習得すべき知識と教育機関で実際に授けられている知識との乖離を実感します。学校で学ぶべき教養はたくさんあります。国語だけでなく社会も理科も算数も重要です。授業時間数が限られていますから、優先順位が必要です。予算の配分や人材の配置と同じですね。経営資源に限りがあるのならば、配分を考えなくてはなりません。その時に方針が必要になります。方針のもとで全体を統括してマネジメントします。気が付きましたか？　学校教育では文部科学省の方針が非常に重要なのです。教育は国の礎です。どのような人材を育成するのかという方針を策定するのは、文部科学省です。そして、文部科学省が作成した方針に基づいて学校教育が編成されていきます。

社会生活の中にＩＣＴが浸透し、コミュニケーションの形が変化しています。ＳＮＳの普及は、文章を短文化しているだけでなく、画像主体のコミュニケーション、動画でのコミュニケーションへの移行を促進しています。文章作成力を必要としないコミュニケーションです。大学で学生たちが書いたレポートや論文を添削しながら、スマホ時代になって、文章作成力がますます低下しているように思えてなりません。

日本の教育は、小学校から大学まで英語教育に多大な時間を投入しています。今後も英語の授業時間を増やそうとしています。まさに文部科学省の方針のなせる業です。選択と集中のかじを英語に向けて大きく切っています。私は英語が大切であることを否定しません。早期に取り入れれば教育効果が上がるでしょう。それは当たり前です。しかし、仮に英語ができるようになっても、母国語で文章を書けないのです。我が国の教育の優先順位は正しいのかと、思わざるを得ません。

「日本の教育よ、どこへ行く?」

と心配しながら本書を書きました。

著者紹介　**佐藤 佳弘**（SATO, Yoshihiro）

東北大学を卒業後、富士通（株）に入社。その後、東京都立高等学校教諭、（株）NTTデータを経て、現在は 株式会社情報文化総合研究所 代表取締役、武蔵野大学 名誉教授、早稲田大学大学院 非常勤講師、総務省 自治大学校 講師。

ほかに、西東京市 情報政策専門員、東久留米市 個人情報保護審査会 会長、東村山市 情報公開運営審議会 会長、東久留米市 情報公開審査会 委員、東京都人権施策に関する専門家会議 委員、京都府・市町村インターネットによる人権侵害対策研究会 アドバイザー、オール京都で子どもを守るインターネット利用対策協議会 アドバイザー、西東京市 社会福祉協議会 情報対策専門員、NPO法人 市民と電子自治体ネットワーク 理事、大阪経済法科大学 アジア太平洋研究センター 客員研究員（すべて現職）。

専門は、社会情報学。1999年４月に学術博士（東京大学）を取得。主な著書に『脱！スマホのトラブル』2018年３月、『脱！ SNSのトラブル』2017年11月、『インターネットと人権侵害』2016年２月、（いずれも武蔵野大学出版会）など多数。

e-mail: icit.sato@nifty.com
http://www.icit.jp/

●日本音楽著作権協会（出）許諾第 1905289-901

〈実践《じっせん》力《りょく》養成《ようせい》〉
わかる！ 伝《つた》わる！ 文章力《ぶんしょうりょく》
小論文《しょうろんぶん》・レポート虎《とら》の巻《まき》

発行日　2019 年 7 月 31 日
著者　佐藤佳弘《さとうよしひろ》
発行　武蔵野大学出版会
〒202-8585 東京都西東京市新町 1-1-20
武蔵野大学構内
Tel. 042-468-3003 Fax. 042-468-3004
装丁・本文デザイン　田中眞一
イラスト　初瀬 優
編集　斎藤 晃（武蔵野大学出版会）
印刷　㈱ルナテック

2019 Printed in Japan
ISBN 978-4-903281-43-8

武蔵野大学ホームページ
http://mubs.jp/syuppan